現代こどもの歌秀作選

めだかのがっこう

中田喜直 選集

山田真治　校訂

YOSHINAO NAKADA

An Anthology of Children's Songs

Editorial Supervision by SHINJI YAMADA

カワイ出版

皆様へのお願い

　楽譜や歌詞・音楽書などの出版物を権利者に無断で複製（コピー）することは，著作権の侵害（私的利用など特別な場合を除く）にあたり，著作権法により罰せられます。

　また，出版物からの不法なコピーが行われますと，出版社は正常な出版活動が困難となり，ついには皆様方が必要とされるものも出版できなくなります。

　音楽出版社と日本音楽著作権協会（JASRAC）は，著作者の権利を守り，なおいっそう優れた作品の出版普及に全力をあげて努力してまいります。

　どうか不法コピーの防止に，皆様方のご協力をお願い申しあげます。

カ　ワ　イ　出　版

一般社団法人　日本音楽著作権協会

まえがき

　私はちいさい時，童謡や唱歌が好きだった。私が最初に作曲した童謡は，三木露風詩の「静かな日」か，西條八十詩の「怪我」である。どちらが先か，今わからなくなってしまったが，いずれも小学生の時であることは確実である。しかし，何歳位だったかはよくわからない。昭和10年，映画「別れの曲」を見てから，ショパンに夢中になって童謡から離れたが，それまでは，山田耕筰の「ペチカ」や本居長世の「めえめえこやぎ」などが特に好きで，メロディだけでなく伴奏のハーモニーにも非常に興味を持った。

　戦後になり，昭和25年（1950年）に関根榮一詩「いたずらすずめ」をＮＨＫの委嘱により作曲し，続いて翌年春「かわいいかくれんぼ」「めだかのがっこう」を発表し，それから毎月数曲づつ作曲した。サトウハチローさんが私の作曲を希望して，ＮＨＫを通して毎月数篇，私の所に詩がとどけられた。一方，小林純一さんと，やはりＮＨＫの「リズム遊び」という幼児番組のために多くの曲を書いた。昭和20年代はその二人の詩が特に多く，ＮＨＫの委嘱の他に，多くの詩人の作品もあって次第に数が増えていった。

　昭和30年（1955年）に，野ばら社から最初の童謡曲集「かわいいかくれんぼ」全154曲を出版した。目次が二色刷りで，絵も何枚か入っており，童謡曲集としては当時，かなりの豪華作品集として話題となった。それから32年が過ぎた。最初の５年間で約150曲だが，その割には増えないとしても約千曲近くの童謡があるようだ。————以前から全集を出したいと思っていたが，300ページで３冊にもなってしまうので大変だ。それはいつ出来るかわからないし，一応100曲位の選集が色々な意味で必要だと思われた。大中恩，湯山昭両氏の秀作選が以前にカワイ出版から出ており，今回３冊揃うことは，童謡の世界に於て，プラスになることだと思う。

　この曲集は，一応よく知られている曲を中心に，色々なバランスを考えながら編集した。

　昭和10年以前から，昭和61年秋の「ふるえながら」——第二回童謡ダイエー賞・最優秀作品（詩）に作曲したもの——まで約50年間の作品選集である。完全な自主作品，「ろばの会」の自主的作品の他は，ＮＨＫ，朝日放送，キングレコード，フレーベル館，ひかりのくに，小学館，チャイルド本社等の委嘱により作られた。なお，編集に際し，カワイ出版の川元啓司氏に大変お世話になったことを感謝している。

1987年６月六本木にて

中 田 喜 直

も く じ

題　名	作　詩	調号・拍子・音域	頁
✿✿✿ 春のうた ✿✿✿			
めだかのがっこう	茶　木　　滋		8
ようちえんにいくみち	さとう　よしみ		10
大という字	根　本　つ　と　む		12
えんそくのうた	小　林　純　一		14
バスケットのビスケット	ま　ど　み　ち　お		15
い　ち　ご	小　林　純　一		16
はちみつ　みつ　みつ	鶴　岡　千　代　子		18
ひらひらちょうちょう	小　林　純　一		20
お花とちょうちょ	中　条　雅　二		22
もんしろ蝶々のゆうびんやさん	サトウ　ハチロー		24
ふうせん	小　池　タ　ミ　子		26
ふるえながら	ま　る　た　に　吉　彦		27
なきむし　ひよこ	小　黒　恵　子		30
おかあさんをさがすうた	阪　田　寛　夫		32
あひるの行列	小　林　純　一		34
なきむしのうた	関　根　榮　一		36
何だろ誰だろ	サトウ　ハチロー		38
かぜさんだって	芝　山　か　お　る （サトウ　ハチロー）		40
スワンよスワン	小　林　純　一		42
ひなまつり	宮　沢　章　二		44
もう春だ	夢　　虹　二		46
✻✻✻ 夏のうた ✻✻✻			
かわいいかくれんぼ	サトウ　ハチロー		48
ピコピコおつかい	若　谷　和　子		50
ありさんのえんそく	水　村　三　千　夫		52

題　名	作　詩	調号・拍子・音域	頁
えっちら山のぼり	小　林　純　一		54
チリンチリンじてんしゃ	小　林　純　一		56
ゆうらんバス	小　林　純　一		58
どうぶつえんは　38ど	小　春　久　一　郎		60
ジャイアント　パンダの歌	サトウ　ハチロー		62
かざぐるま	小　林　純　一		65
あじさいてまり	小　林　純　一		66
水たまり	松　本　久　美		68
麦わらぼうしを　かぶってこい	は　ら　み　ち　を		70
すいかがごろごろ	三　越　左　千　夫		72
バナナのうた	さ　と　う　よ　し　み		74
ひるねのうた	小　春　久　一　郎		76
せみのうた	さ　と　う　よ　し　み		78
ぎんやんまのうた	関　根　榮　一		80
夕方のおかあさん	サトウ　ハチロー		83
おかあさん	田　中　ナ　ナ		86
ククンクップ クップ くすぐったい	サトウ　ハチロー		88
しずかにしてね	こ　わ　せ　た　ま　み		90
スワンのつばさ	与　田　準　一		92
なみとかいがら	ま　ど　み　ち　お		94
あまのじゃく	清　水　た　み　子		95
ぼんの十三日	小　林　純　一		98
白い小石	南　雲　純　雄		100
夏　で　す	サトウ　ハチロー		102

❄❄❄ 秋のうた ❄❄❄

大きなたいこ	小　林　純　一		104
ちいさい秋みつけた	サトウ　ハチロー		105
きちきちばった	平　原　武　蔵 （サトウ　ハチロー）		108
みちばたのくさ	ま　ど　み　ち　お		110

題名	作詩	調号・拍子・音域	頁
ミツバチさんでも	巽　聖歌		112
いたずらすずめ	関根　榮一		114
こじか	小林　純一		116
べこの子うしの子	サトウ　ハチロー		118
ぞうのはなは　ながいな	小林　純一		120
かぽかぽこうま	小林　純一		122
カニサンオメメ	さいとう　のぶお		123
ポケット　おさえて	神沢　利子		124
ハンカチのうた	まど　みちお		126
あかい　はね	まど　みちお		128
さわると秋がさびしがる	サトウ　ハチロー		130
小さい木馬	若谷　和子		132
おとしより	小林　純一		134
おかずはなーに	大友　みや		136
ぶどうのふさ	小林　純一		139
なっぱのうた	関根　榮一		142
お月さんと坊や	サトウ　ハチロー		144
もりのよあけ	与田　準一		146
秋にさよならする日	サトウ　ハチロー		148

❄❄❄ 冬のうた ❄❄❄

題名	作詩	調号・拍子・音域	頁
わらいかわせみに話すなよ	サトウ　ハチロー		150
つんとうつらら	結城　ふじを		152
きたかぜさん	こわせ　たまみ		153
とんとんともだち	サトウ　ハチロー		154
なかよしこっつんこ	田中　昭子（まど　みちお）		156
くせ	阪田　寛夫		158
ちいさい　こ	まど　みちお		160
らくちん　らくちん	山崎　喜八郎		162
ねむたくなっちゃった	伊野上　のぼる		164

題　　名	作　　詩	調号・拍子・音域	頁
いたちょこ　ぷっちん	関　根　榮　一		166
りんごころん	さとう　よしみ		167
りんご	矢　崎　節　夫		168
ペンギンちゃん	まど　みちお		170
かあさんが　かあさんがいないんだね	サトウ　ハチロー		172
は　　た	小　春　久　一　郎		174
モショモショフムフム（ゆきだるま）	サトウ　ハチロー		176
ストーブかこんでおはなししましょ	若　谷　和　子		178
ゆきのじゅうたん	小　林　純　一		180

※※※ 季節外のうた ※※※

題　　名	作　　詩	調号・拍子・音域	頁
握手をしよう　手をたたこう	小　林　純　一		182
おんぶとだっこ	サトウ　ハチロー		184
心の中のオルゴール	小　林　純　一		186
びっくりしちゃったの	佐　藤　雅　子		188
だれもしらない	谷　川　俊太郎		190
とりっこ　にらめっこ	島　田　陽　子		192
ひとつ　いっぽん	関　根　榮　一		194
いっぱいとひとつ	まど　みちお		196
なぞなぞ	与　田　準　一		198
おほりの白鳥	清　水　たみこ		199
町の燈台	小　林　純　一		202
よごれた川	宮　沢　章　二		205
も　ん　く	小　林　純　一		208
ロケット　アポロ	宮　沢　章　二		211
おべんとう	阪　田　寛　夫		214
怪　我	西　條　八　十		216
はしれはしれモノレール	鶴　岡　千代子		218
題名による索引			222
歌い出しによる索引			225

めだかのがっこう

茶木　滋　作詩

中田　喜直　作曲

一、めだかの学校は　川の中
　　そっとのぞいて　みてごらん
　　そっとのぞいて　みてごらん
　　みんなで　おゆうぎ　しているよ

二、めだかの学校の　めだかたち
　　だれが生徒か　先生か
　　だれが生徒か　先生か
　　みんなで　げんきに　あそんでる

三、めだかの学校は　うれしそう
　　水に　ながれて　つーいつい
　　水に　ながれて　つーいつい
　　みんなが　そろって　つーいつい

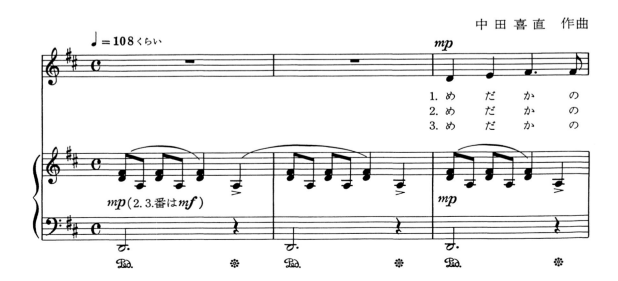

註：小音符は3.番の時に(ピアノ伴奏も)

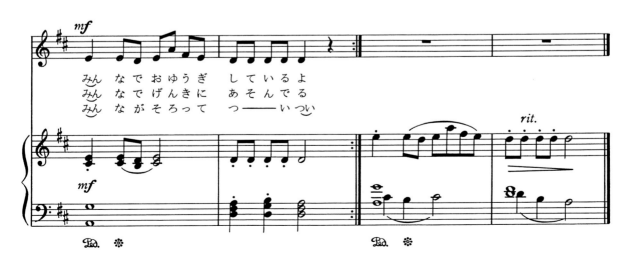

ようちえんにいくみち

さとう よしみ 作詩
中田 喜直 作曲

1. ようちえんに いくみち
さくらが さいた
おともだちが おーぜい
できて うれしいね
すずめも うたうよ
らららん らん らん
らん らん らん

2. ようちえんに いくみち
すみれが さいた
おあそびどうぐが たくさん
あって うれしいね
ちょうちょも いくのか
らららん らん らん
らん らん らん

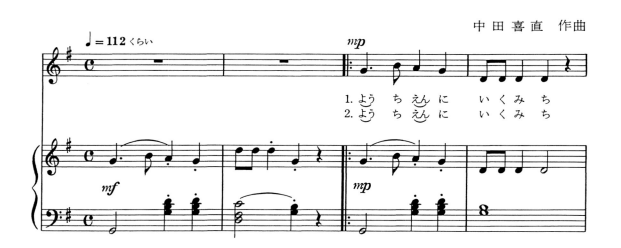

大という字

根本つとむ　作詩

中田喜直　作曲

一、大学生の兄さんに
　大という字を
　おそわった
　大学生の大の字さ
　大こくさまの
　大の字さ

二、大という字を　青空に
　大となんども
　かいてみた
　大という字を
　おぼえたよ
　大という字は
　やさしいよ

三、大学生の帽子には
　大という字が
　ひかってる
　大学生は大すきだ
　大という字も
　大すきだ

えんそくのうた

小林純一 作詩

中田喜直 作曲

えんそく えんそく
どれみふぁそ
とおくの ほうまで
いくんだよ
ちっぷ たっぷ
すいとう
ならしてさ

ならんで ならんで
どれみふぁそ
ゆうらんばすにも
のるんだよ
りった らった
りゅっくさっく
ゆすってさ

バスケットのビスケット

まど みちお 作詩
中田 喜直 作曲

たべた たべた
バスケットの ビスケット
ちょうちょの のはらで たべた
バスケットの ビスケット

たべた たべた
バスケットの ビスケット
ひばりの ましたで たべた
バスケットの ビスケット

たべた たべた
バスケットの ビスケット
すみれと ならんで たべた
バスケットの ビスケット

いちご

小林純一 作詩

あかい きれいな みですから
いちご いちご
ちっぷ ちっぷ ちっぷ
あおい てかごに つみましょう
しろい おさらに もりましょう
そして かわいい みですから
いちご いちご
ちっぷ ちっぷ ちっぷ
みるくと おさとう かけましょう
ぎんの おさじも そえましょう

中田喜直 作曲

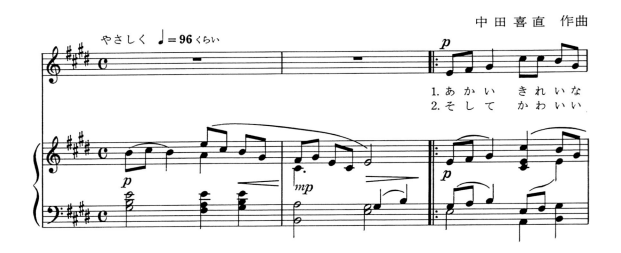

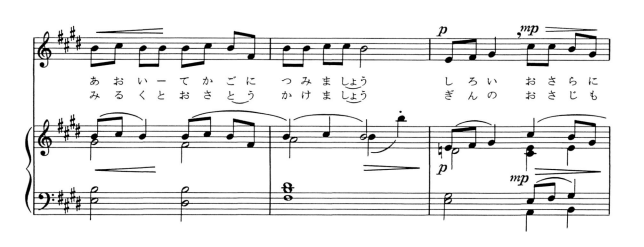

はちみつ みつ みつ

鶴岡千代子 作詩
中田喜直 作曲

1. はちみつ みつみつ あまいな
とろりと 口に やさしいな
アカシア リンゴ ソバの花
金の カプセル みつばちが
どこをまわって あつめたろ
あつめたろ

2. はちみつ みつみつ あまいな
きらりと びんに おもたいな
クロバー ミカン バラの花
サインしながら みつばちは
自分の ぶんを どうしたろ
どうしたろ

3. はちみつ みつみつ あまいな
ひやりと 風に つめたいな
キイチゴ ナタネ レンゲ草
あつめるあいだに みつばちの
涙も いっしょに まざったろ
まざったろ

ひらひらちょうちょう

小林純一　作詩

ひらひらちょうちょう
ひらひらとんで
あかい　あかい
おはなに　とまれ

ひらひらちょうちょう
ひらひらとんで
しろい　しろい
おはなに　とまれ

中田喜直　作曲

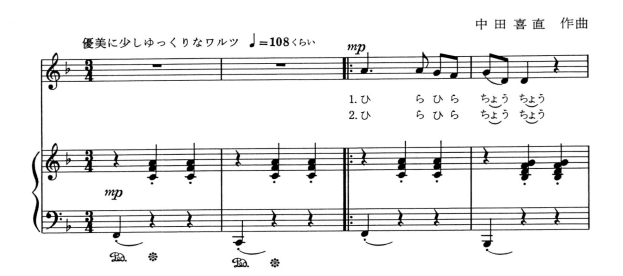

お花とちょうちょ

中条雅二 作詩

中田喜直 作曲

1. ちょうちょさんは 赤い お花が 好きね
お花と おひるね 好きなのね
そうよ だれかさんも
ママのおひざで 寝ていくように
ちょうちょさんもね
お花のベッドが 好きなの

2. ちょうちょさんは 白い お花も 好きね
お花は みんな 好きなのね
そうよ だれかさんも
おやつのケーキを ほしがるように
ちょうちょさんもね
甘い蜜 たくさん ほしいの

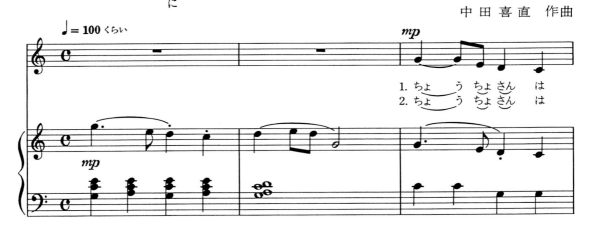

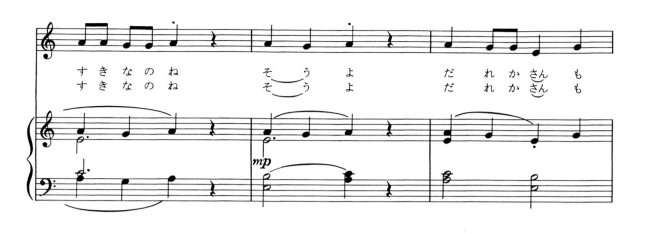
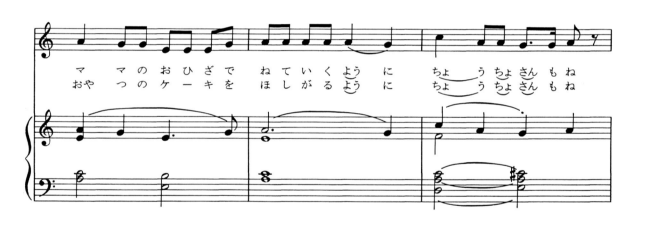
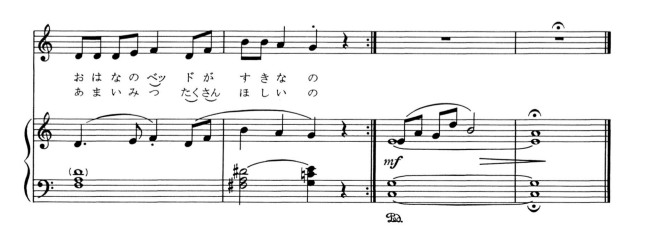

もんしろ蝶々のゆうびんやさん

サトウ ハチロー 作詩

1. もんしろ蝶々の ゆうびんやさん
朝から配達 朝から配達
あねもね横丁十番地
角から二軒目 ハイゆうびん

2. もんしろ蝶々の ゆうびんやさん
せっせと配達 せっせと配達
ひなげし通りの六番地
まっかな看板 ハイゆうびん

3. もんしろ蝶々の ゆうびんやさん
あちこち配達 あちこち配達
チュウリップ奥さん ハンコです
うれしい書留 ハイゆうびん

中田 喜直 作曲

ふうせん

小池タミ子　作詩

あかいふうせん
あおいふうせん
かぜがそっとふいて
こっつんこ
いたくないね

あかいふうせん
あおいふうせん
かぜがまたふいて
こっつんこ
いたくないね

中田喜直　作曲

ふるえながら

まるたに吉彦　作詩

中田　喜直　作曲

ひなげしのつぼみ
花(はな)になりたくて　ゆらゆらゆれるよ
しわしわのしわしわの花(はな)びらを
少(すこ)しずつ少しずつひろげて咲(さ)く
ふるえながら　ふるえながら

あげは蝶(ちょう)のさなぎ
蝶々(ちょうちょう)になりたくて　もぞもぞうごくよ
しわしわのしわしわのつばさを
少しずつ少しずつひろげてゆく
ふるえながら　ふるえながら

ぼくんちの赤(あか)ちゃん
大(おお)きくなりたくて　むずかっているよ
しわしわのしわしわの手(て)のひらを
少しずつ少しずつひろげて泣(な)く
ふるえながら　ふるえながら

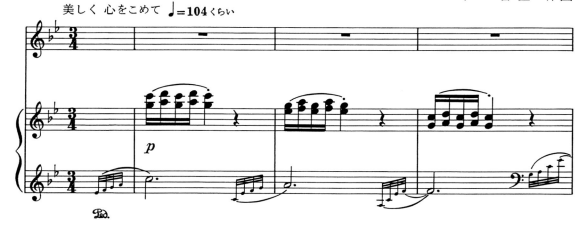

© 2001 by Music Publications Happy Echo

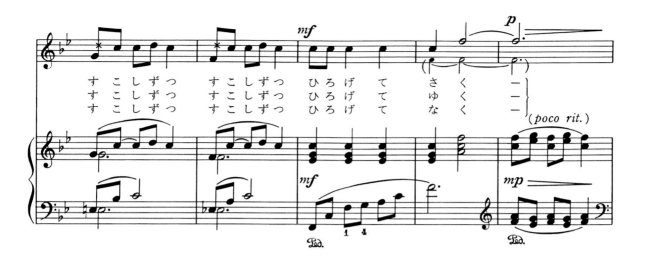

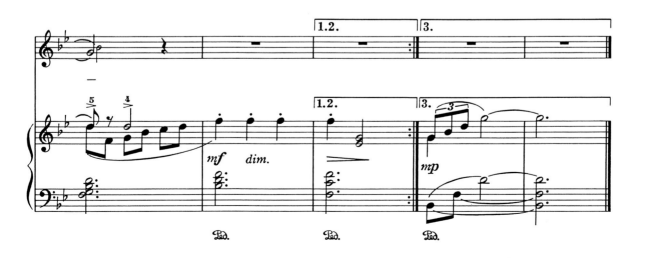

なきむし　ひよこ

小黒恵子　作詩

中田喜直　作曲

1. なきむしひよこが　ぴっちぃちぃ
   かあさんどこなの　ぴっちぃちぃ
   おなかがすいたよ　ぴっちぃちぃ
   コココここよ　はこべののはら
   おいしいごちそう　あげましょう

2. あまえんぼうひよこが　ぴっちぃちぃ
   おめめがかゆいよ　ぴっちぃちぃ
   おねむになったよ　ぴっちぃちぃ
   コココおいで　おひるねしましょう
   おやすみかあさんの　はねのしたで

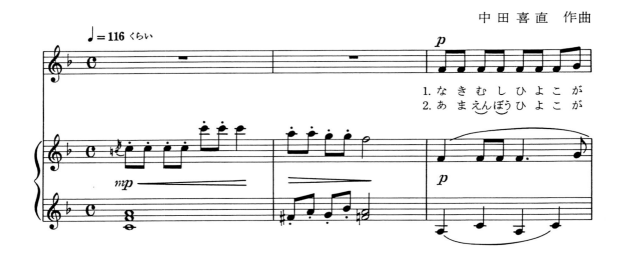

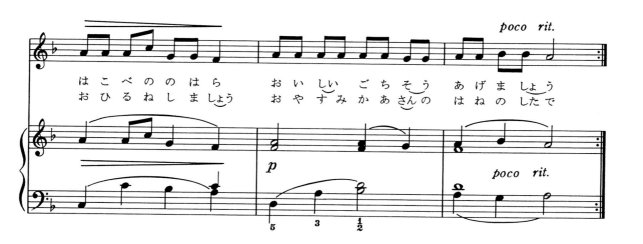

おかあさんをさがすうた

阪田寛夫 作詩

中田喜直 作曲

かけて　かけて
かえってきたのに
おかあさん
いないんだ
いやだなあ　おかあさん
こんなにたくさん
つくしんぼみつけて
きたのにさ

はやく　はやくと
かえってきたのに
おかあさん
いないんだ
いやだなあ　おかあさん
こんなにきちんと
やくそくまもって
いるのにな

なんども　なんども
よんでみたのに
おかあさん
いないんだ
でてきてよ　おかあさん
かくれんぼだったら
さがしてつかまえて
やるのにさ

「つくしんぼ」のかわりに季節によって「てんとむし」「まつぼっくり」と、歌って下さい。

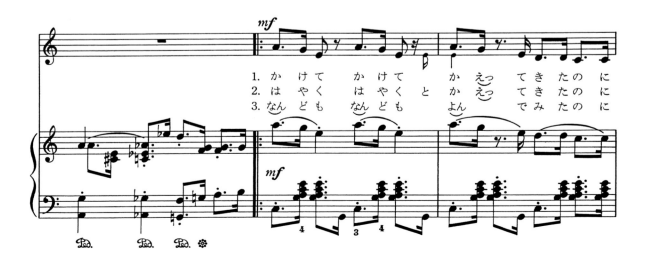

あひるの行列

小林純一　作詩

中田喜直　作曲

一、あひるの行列
　よちよちよち
　かあさんあひるが
　よちよちよち
　後から　ひよこが
　よちよちよち
　池まで　よちよち
　があがあがあ

二、あひるの水あび
　すいすいすい
　かあさんあひるが
　すいすいすい
　後から　ひよこが
　すいすいすい
　軽そうに　すいすい
　があがあがあ

なきむしのうた

関根榮一 作詩

中田喜直 作曲

なきむし
なくから
叱(しか)られる

それでも
ないてりゃ
いいきもち

なきむし
こむしの
そのそばで

こむしの
おやむし
こまってた

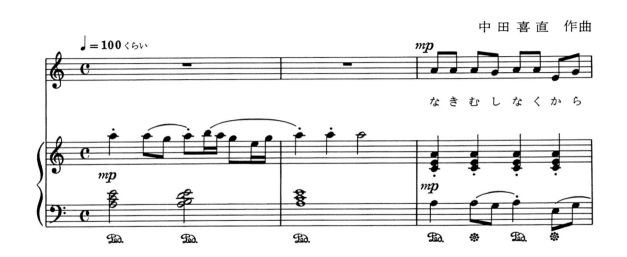

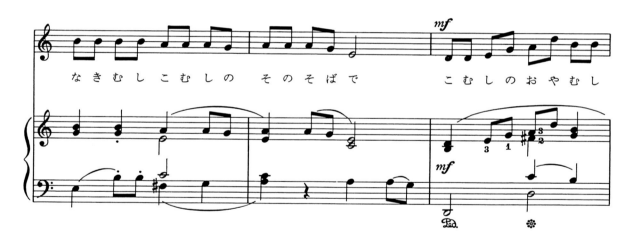
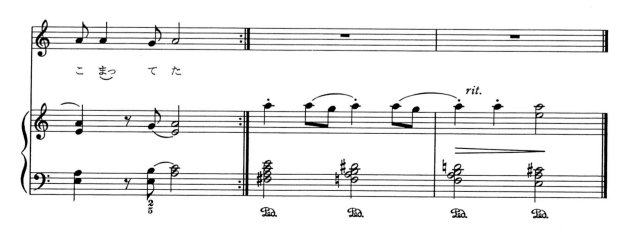

何だろ誰だろ

サトウ ハチロー 作詩

中田 喜直 作曲

お池の水に　ポカリとひとつ
おおきな泡沫が
何だろ誰だろ　鯰かな
柳の枝で　小鳥が見てた

続いて泡沫が　ブクブクブクリ
みっつ　よっつ　いつつ
何だろ鮒かな　どじょうかな
小さい波がいくつもできた

お池の水が　ピシャンとはねた
ふたとこはねた
何だろ蛙か　手長海老
青空ゆれた　お日様ゆれた

続いてはねた　パクンとはねた
おおきくはねた
何だろ緋鯉か　真鯉かな
小鳥が逃げた　静かになった

かぜさんだって

芝山かおる 作詩
サトウ ハチロー 補作

中田喜直 作曲

かぜさんだって　おててがあるよ　ほんとだよ
おまどをとんとん　たたいているよ

かぜさんだって　おくちがあるよ　ほんとだよ
くちぶえふきふき　どこかへいくよ

かぜさんだって　おめめがあるよ　ほんとだよ
えほんをぱらぱら　ながめているよ

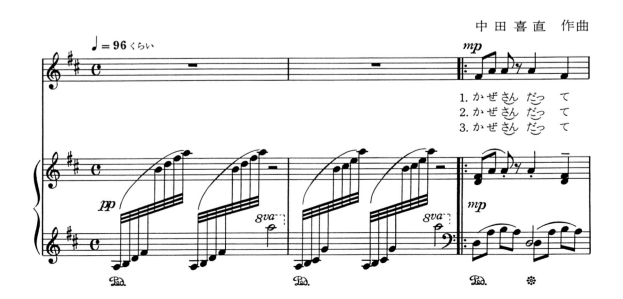

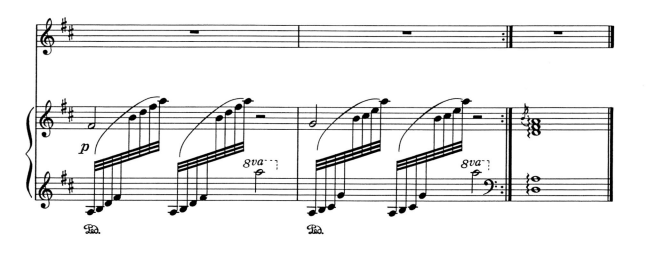

スワンよスワン

小林純一　作詩

1.
スワンよ スワン
スワン スワン スワン
あおい みずうみ
スワンは すべってく
鳥(とり)の王女(おうじょ)さま

2.
スワンよ スワン
スワン スワン スワン
しろい ドレスが
よくにあう
きれいな 森(もり)の王女さま

中田喜直　作曲

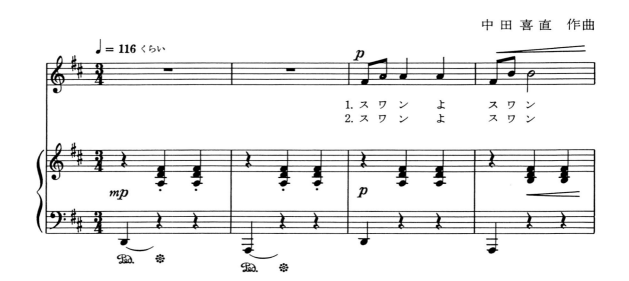

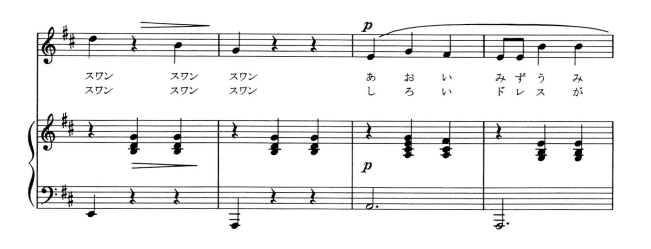
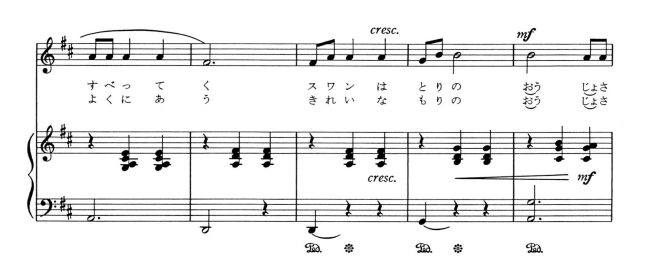

ひなまつり

宮沢章二　作詩

おひなさま　あそびましょ
だまっていては　だめですよ
すわっていては　だめですよ
いっしょにうたって　おどりましょ
はるの　おまつり　ひなまつり

おひなさま　あしたまで
うたっていても　いいですよ
おどっていても　いいですよ
いちにちだけでは　つまらない
はるの　おまつり　ひなまつり

中田喜直　作曲

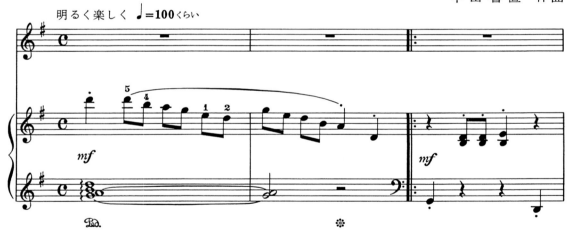

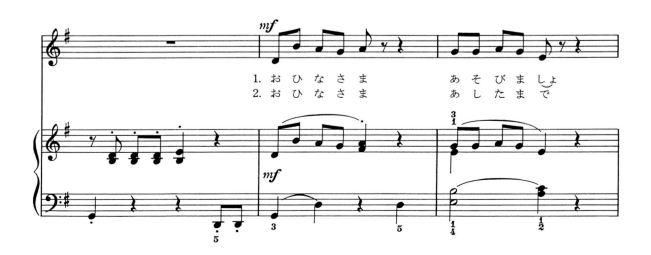

1. おひなさま　あそびましょ
2. おひなさま　あしたまで

もう春だ

夢　虹二　作詩

中田　喜直　作曲

風がつめたく　吹いてても
もう春だ　春だ
庭さきに　ちらちらさいた
うめの花
花のひかりが　もう春だ
山の雪ぼうし　解けないが
もう春だ　春だ
うぐいすが　きれいな声で
また鳴いた
鳴いた音いろが　もう春だ

明るく美しく ♩=96 くらい

かわいいかくれんぼ

サトウ ハチロー 作詩

ひよこがね
お庭でぴよこぴよこ かくれんぼ
どんなにじょうずに かくれても
黄色いあんよが 見えてるよ
だんだんだァれが めっかった

すずめがね
お屋根でちょんちょん かくれんぼ
どんなにじょうずに かくれても
茶色の帽子が 見えてるよ
だんだんだァれが めっかった

こいぬがね
野原でよちよち かくれんぼ
どんなにじょうずに かくれても
かわいいしっぽが 見えてるよ
だんだんだァれが めっかった

中田 喜直 作曲

ピコピコおつかい

若谷和子 作詩

大きいかさと ちいさいかさが
ピコピコ ピコピコ おつかい
ふたつのかさから 歌が出る
ピコピコ ピコピコ おつかい
雨のおつかい

大きい長ぐつ ちいさい長ぐつ
ピコピコ ピコピコ おつかい
雨雨 やっぱり うたってる
ピコピコ ピコピコ おつかい
ママとおつかい

中田喜直 作曲

ありさんのえんそく

水村三千夫　作詩

中田喜直　作曲

1. リュックサックしょって ありさんの えんそく
どこまで ゆくのか
お菓子を見つけて みちくさしたり
まつばぼたんの ジャングルで
ふざけて列を ぬけだして
やっぱり やっぱり 先生に
しかられた

2. ぎょうぎよく ならんで
ありさんの えんそく
砂場の お山で
遠くのけしきを ながめてみたり
昨日の雨の みずうみで
葉っぱの橋を いやがって
やっぱり やっぱり 先生を
こまらせた

えっちら山のぼり

小林純一　作詩

中田喜直　作曲

えっちら　おっちら
山のぼり
えっちら　山づえ
ピケぼうし
せなかの　リュックが
おもたいな
えっちら　おっちら
おもたいな

えっちら　おっちら
山のぼり
えっちら　さかみち
よじのぼれ
あおぞら　てっぺん
もうすぐだ
えっちら　おっちら
もうすぐだ

チリンチリンじてんしゃ

小林純一　作詩

中田喜直　作曲

一、チリン　チリン
　じてんしゃ
　はしるよ　はしる
　どけどけ　いぬころ
　あぶないよ
　チリン　チリン
　リン　リン　リン
　チリン　チリン
　リン　リン　リン

二、チリン　チリン
　じてんしゃ
　はやいよ　はやい
　ぐんぐん　さかみち
　たのしいな
　チリン　チリン
　リン　リン　リン
　チリン　チリン
　リン　リン　リン

ゆうらんバス

小林純一 作詩
中田喜直 作曲

ゆうらんバス
かいきりバス
せんせいと かあさんと
おともだちだけで
ゆうらん らん らん
たのしい バス

ゆうらんバス
えんそくバス
けしきを みながら
おはなしを きいて
ゆうらん らん らん
ゆれてく バス

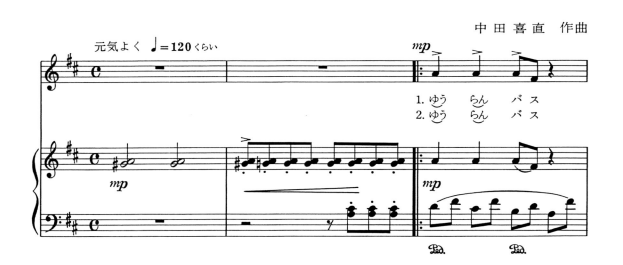

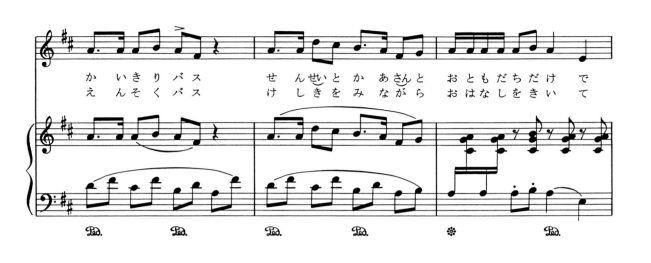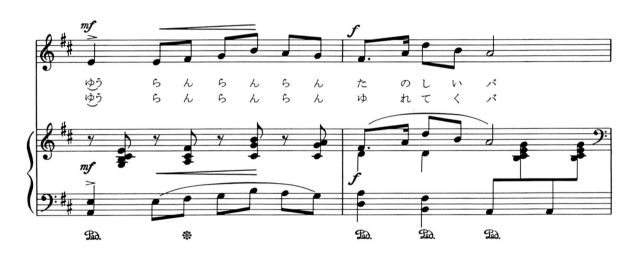

どうぶつえんは　38ど

小春久一郎　作詩

中田喜直　作曲

一、あついな　あつい
　　しろくまさんが
　　いいました
　　まったく　あつい
　　ライオンさんも
　　いいました
　　どうぶつえんは
　　さんじゅうはちど

二、みずあび、しよう
　　しろくまさんが
　　いいました
　　ひるねを　しよう
　　ライオンさんが
　　いいました
　　どうぶつえんは
　　さんじゅうはちど

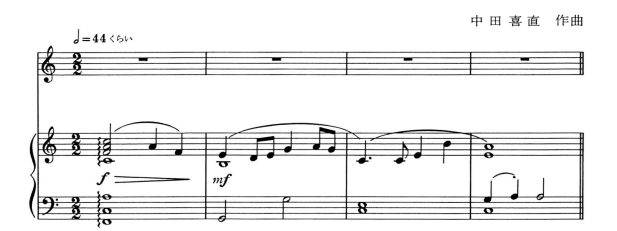

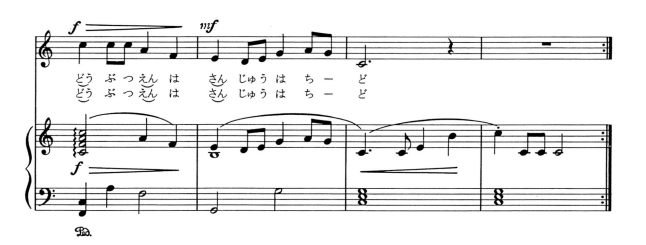

ジャイアント パンダの歌

サトウ ハチロー 作詩
中田 喜直 作曲

朝と日暮れが 大好きで
夜は おねんね ジャイアント パンダ
たまに じゃれつき ころげたり
だいて うえむく ジャイアント パンダ
みんなが 持ってる ぬいぐるみ
ほんとに めんこい ジャイアント パンダ

小さい おめめの まわりには
黒い もようの ジャイアント パンダ
それが なんとも かわいくて
ためいき みたいな ジャイアント パンダ
みんなが 持ってる ぬいぐるみ
ほんとに めんこい ジャイアント パンダ

すこし ちかめで そのかわり
耳が するどい ジャイアント パンダ
いやな 音には かおしかめ
くびを そむける ジャイアント パンダ
みんなが 持ってる ぬいぐるみ
ほんとに めんこい ジャイアント パンダ

寒い ところが お気に入り
ころり むくむく ジャイアント パンダ
はやく 赤ちゃん うんどくれ
だれも 待ってる ジャイアント パンダ
みんなが 持ってる ぬいぐるみ
ほんとに めんこい ジャイアント パンダ

かざぐるま

小林純一　作詩

まわれ　まっかな
かざぐるま
まわして　どこまで
いきましょか
くるくる　くんくる
くる　くる

まわれ　こかぜに
かざぐるま
ちょうちょと　のはらへ
いきましょか
くるくる　くんくる
くる　くる

中田喜直　作曲

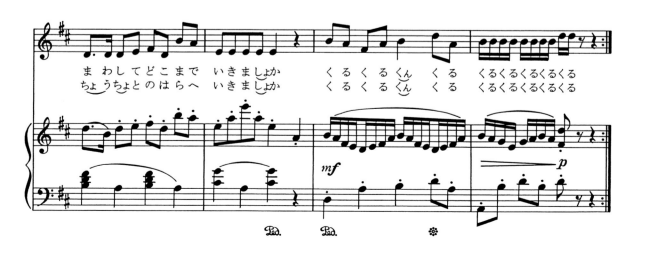

あじさいてまり

小林純一　作詩

あじさい、あじさい、花てまり、
風が 一つ 二つ つきました、
そーっと、そーっと、つきました。
とんとん、とん。

雨が 三つ 四つ つきました、
そーっと、そーっと、つきました。
とんとん、とん。

むらさき、むらさき、色てまり、
五つ 六つ つきました、
そーっと、そーっと、つきました。
とんとん、とん。

のきばの のきばの こすずめも、
おりて 五つ 六つ つきました、
そーっと、そーっと、つきました。
とんとん、とん。

あじさい、あじさい、花てまり、
ぬれて 七つ 八つ ゆれました、
そーっと、そーっと、ゆれました。
とんとん、とん。

中田喜直　作曲

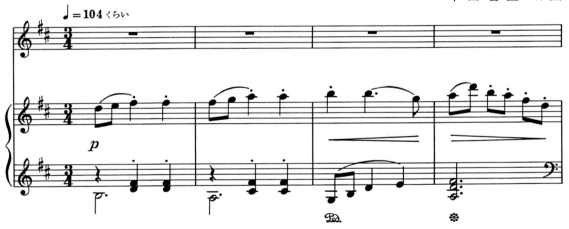

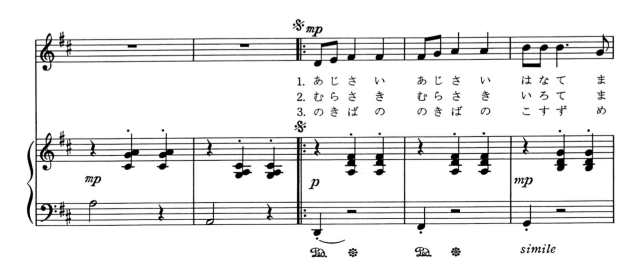

水たまり

松本久美 作詩

そらもぼくも ゆれていた　みずに うつってる　みずたまりが ゆれた　かぜかぜ ふいてきて　そらのうえに ぼくがいた　そっと のぞいたら　みずたまりが できた　おにわの まんなかに

中田喜直 作曲

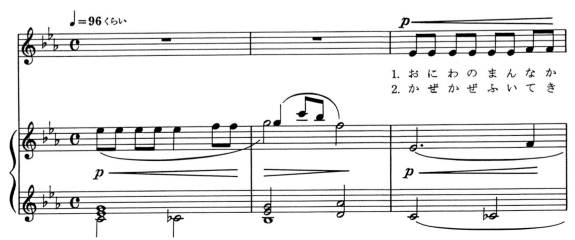

1. おにわのまんなか
2. かぜかぜふいてき

麦わらぼうしを かぶってこい

はら みちを 作詩

中田 喜直 作曲

麦わらぼうしを かぶってこい
お日さまカッカと まぶしいぞ
みどりの坂道 のぼってこい
ツクツクボウシや アブラゼミ
どっさりきてるぞ まってるぞ

麦わらぼうしを かぶってこい
潮風くちぶえ ふいてるぞ
釣ざおかついで はしってこい
あかるい青空 ひろい海
かわいいさかなが はねてるぞ

麦わらぼうしを かぶってこい
山の子 海の子 よんでるぞ
勉強してから あそびにこい
ずらりと ならんだ 黒い顔
先生がびっくり おどろくぞ

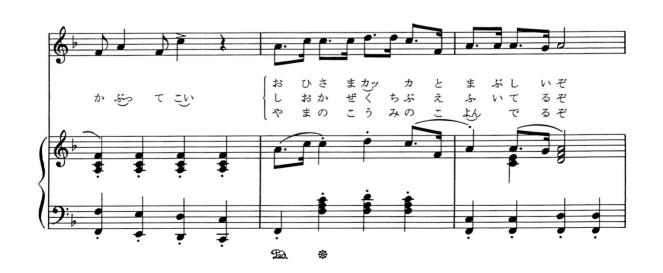

すいかがごろごろ

三越左千夫　作詩

中田喜直　作曲

そらからこっそり　　すいかがごろごろ　　まあるい月夜に　　すいかがごろごろ
おりてきて　　　　　うらのはたけで　　　うかれでて　　　　うらのはたけで
お月さまが　　　　　ごろごろ　　　　　　どこかへころげて　ごろごろ
たべやせぬか　　　　　　　　　　　　　　いきゃせぬか
ごろごろ　　　　　　　　　　　　　　　　ごろごろ
ごろごろ　　　　　　　　　　　　　　　　ごろごろ

少しユーモラスに　♩=100くらい

mf

1. すい　　か　が　ご　ろ　ご　ろ
2. すい　　か　が　ご　ろ　ご　ろ

mf

mf

バナナのうた

さとう よしみ 作詩

中田 喜直 作曲

1. バナナバナナ　バナナバナナ
バナナの木にバナナがなってた
ゾウのこどもがバナナにさわった
だれがバナナをたべるのか
な　バナナ

2. バナナバナナ　バナナバナナ
バナナの木からバナナをもいだら
ゾウのこどもがバナナをみてた
だれがバナナをたべるのか
な　バナナ

ひるねのうた

小春久一郎　作詩

つみきも　ひるね
すなばも　ひるね
えほんも　ひるね
みんな　なかよく
ひるねです

ことりも　ひるね
うさぎも　ひるね
あひるも　ひるね
みんな　ひかげで
ひるねです

中田 喜直　作曲

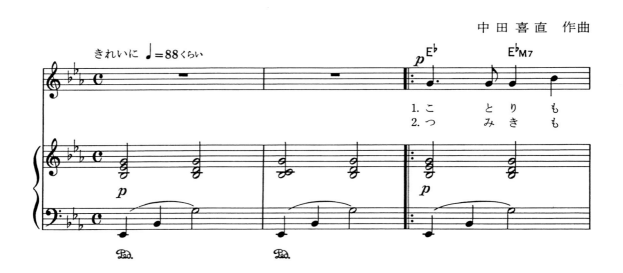

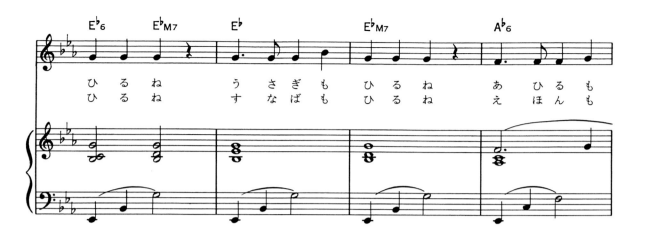

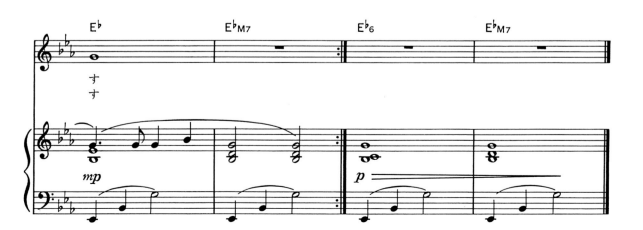

せみのうた

さとう よしみ 作詩
中田 喜直 作曲

一、せみ せみ せみん みーん
なかなか いないよ せみ
どこにいるのか せみ
せみ せみ せみーん みーん

二、せみ せみ せみん みーん
どこでなくのか せみ
なくから すきだよ せみ
せみ せみ せみーん みーん

ぎんやんまのうた

関根榮一 作詩

中田喜直 作曲

今日が まいにち
ひとつづつ
昨日になって
どこへいく
ぎん ぎん やんま
ぎん やんま
いま すんすんと
とんでいく
きのうの空にとんでいく

今日が まいにち
ひとつづつ
昨日になって
どこへいく
ぎん ぎん やんま
また あした
また すんすんと
くるだろか
あしたの空にいるだろか

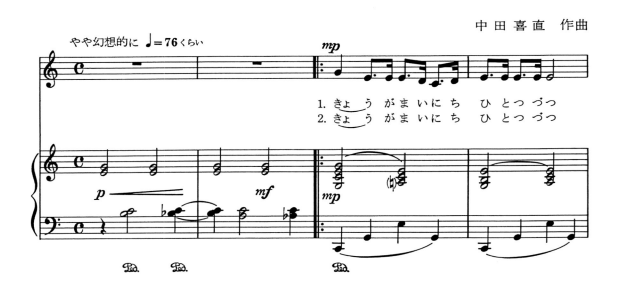

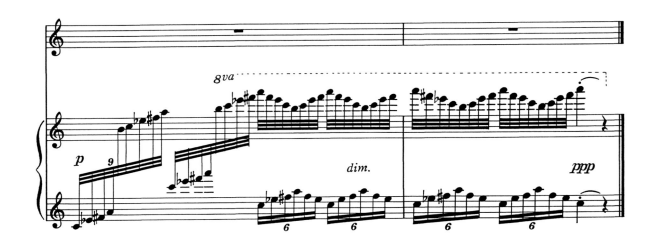

夕方のおかあさん

サトウ ハチロー 作詩

カナカナぜみが 遠くでないた
ひよこのかあさん
ひよこをよんでる 裏木戸あけて
……ごはんだよォ
やっぱり おなじだな

ちらちら波に 夕やけゆれた
めだかのかあさん 小石のかげで
はよはよ おかえり
……ごはんだよォ
やっぱり おなじだな

サヤサヤ風が 笹の葉なでた
こねこのかあさん あちこちむいて
おいしい おととで
……ごはんだよォ
やっぱり おなじだな

中田 喜直 作曲

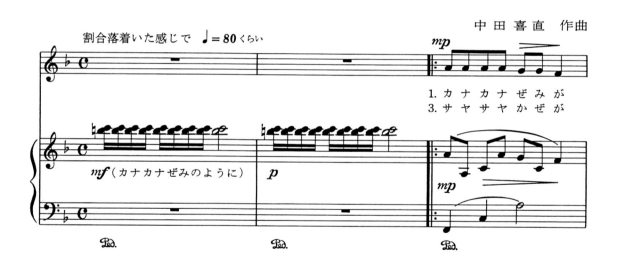

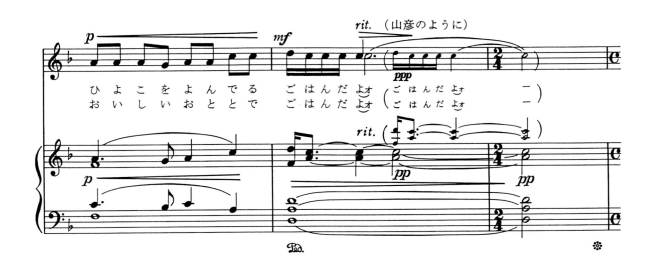

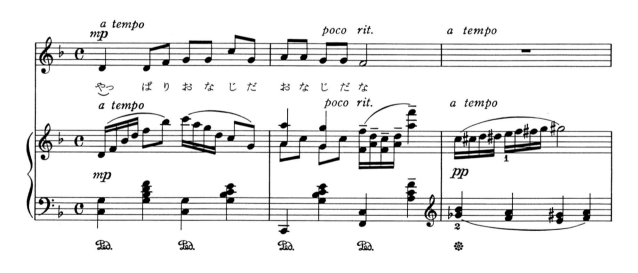
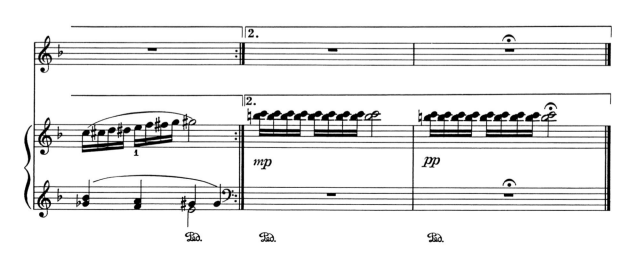

おかあさん

田中ナナ　作詩

中田喜直　作曲

おかあさん
なあに
おかあさんて　いいにおい
せんたくしていた　においでしょ
シャボンのあわの　においでしょ

おかあさん
なあに
おかあさんて　いいにおい
おりょうりしていた　においでしょ
たまごやきの　においでしょ

ククンクップクップくすぐったい

サトウ ハチロー 作詩

七つの水玉 てんと虫
むずむず手のひら くすぐったい
ふわふわとんでく たんぽぽの
わた毛もやっぱり くすぐったい
——くすぐったいと
こちょこちょばなしも くすぐったい
ククンクップクップ
　　　　くすぐったい

野原を歩けば ねこじゃらし
しゅるしゅるいつでも くすぐったい
きちきちばったの 長いひげ
さわればやっぱり くすぐったい
——くすぐったいと
こまかい雨まで くすぐったい
ククンクップクップ
　　　　くすぐったい

子リスのしっぽに 馬の耳
ぴくぴく動くと くすぐったい
ゆらゆらゆれてる すすきの穂
みてるとやっぱり くすぐったい
——くすぐったいと
蝶々の粉まで くすぐったい
ククンクップクップ
　　　　くすぐったい

中田 喜直 作曲

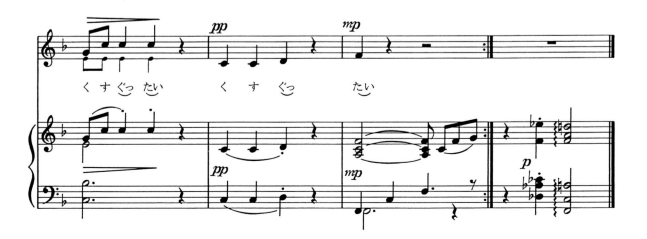

しずかにしてね

こわせ たまみ 作詩

しずかにしてね
ふうりんさん
ならないでね
いま
あかちゃんが ねんねしました

しずかにしてね
カーテンさん
ゆれないでね
いま
あかちゃんが ねんねしてます

中田 喜直 作曲

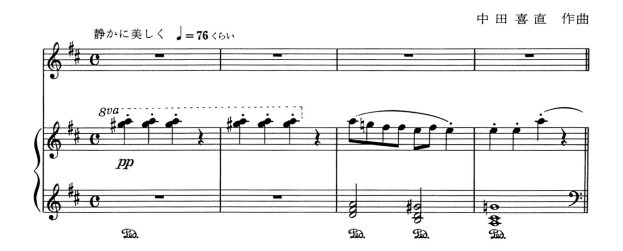

91

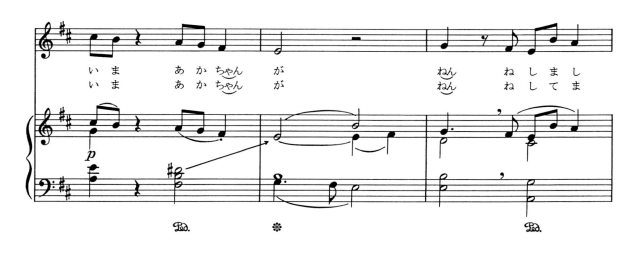

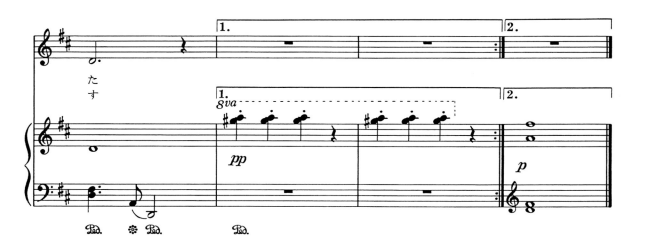

スワンのつばさ

与田準一　作詩

中田喜直　作曲

あまのがわです
ぎんがです
スワンがつばさを
ひろげます
わたりなさい
わたりなさい
つばさのはしです
わたりなさい

ひこぼしさまです
わたるのは
スワンのつばさの
むこうぎし
まってます
まってます
おりひめさまです
まってます

♩=100くらい

mp

mp

1. あまのがわですー　ぎんがです は
2. ひこぼしさまです　わたるのは

mp

p

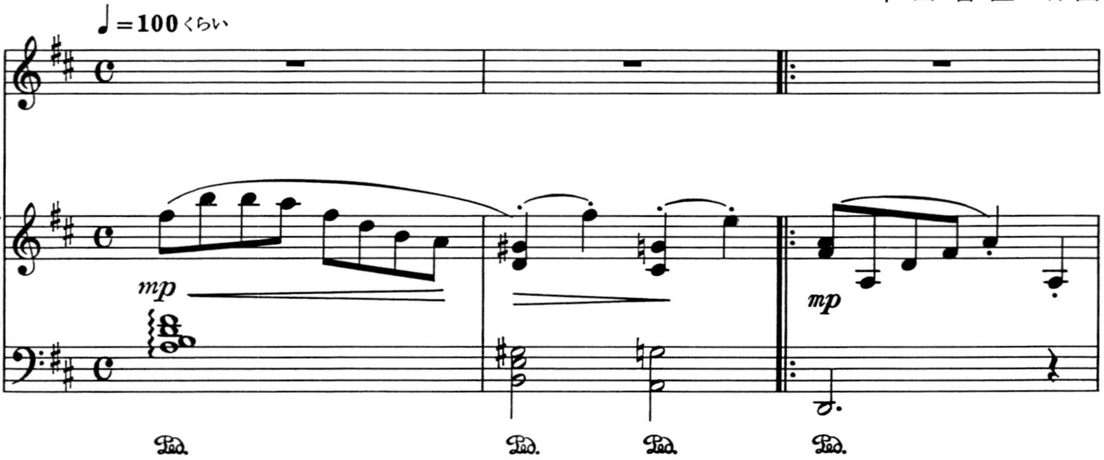

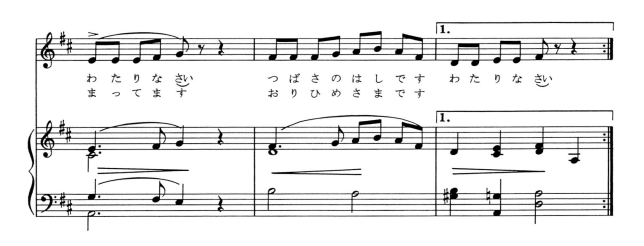
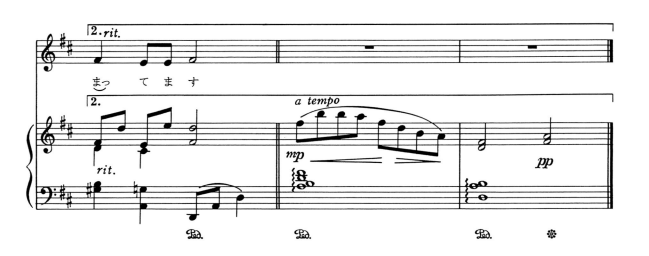

なみとかいがら

まど みちお 作詩

一、うずまきかいがら
どうして出来た
なみがぐるぐる
うずまいて出来た

二、ももいろかいがら
どうして出来た
なみがちんちら
ゆうやけて出来た

三、まんまるかいがら
どうして出来た
なみがまんまるい
あわたてて出来た

中田喜直 作曲

あまのじゃく

清水たみ子　作詩

中田喜直　作曲

なわとびしましょ　
ままごとしましょ　
あのこがよぶと　
きっとよ いつも　
あまのじゃくがくるの　
わたしのなかに

なわとびきらい　
ままごといやよ　
うしろむきよこむき　
おこってすねて　
あまのじゃくがゆうの　
わたしのこえで

あのこはちいさい　
あかげのこども　
すぐなくこども　
あのこをみると　
あまのじゃくがくるの

どうしてかしら　
ごめんなさいね　
いつもはいない　
あまのじゃくなのに

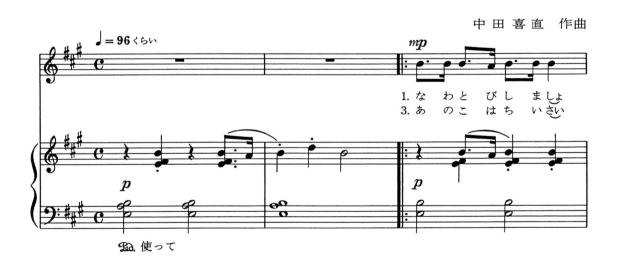

ぼんの十三日

小林純一 作詩

中田喜直 作曲

一、ぼんの十三日
殺生せぬ日
浜で 網舟
かわいている日

二、沖は なぎでも
漁師は みんな
朝も はよから
碁将棋あそび

三、さかな すぐ また
追われる さかな
せめて きょうだけ
のびのびあそべ

四、ぼんの十三日
むかえ火たく日
海の遠くが
かすんでいる日

白い小石

南雲純雄 作詩
中田喜直 作曲

小石がひとつ
白い小石
知らない女の子から
もらった小石
白い小石をみつめていると
知らない女の子が
ぼくにほほえみかける

白い小石
白い小石
知らない女の子から
もらった小石
白い小石をみつめていると
去年の夏の日が
ぼくの心にうかぶ

小石がひとつ
白い小石
知らない女の子から
もらった小石
白い小石をみつめていると
ことしもあえるよと
ぼくにささやきかける

夏です

サトウ ハチロー 作詩
中田 喜直 作曲

ちいさいすいれん 咲きました
夏です となりの お池です
となりのとなりの お池です

むぎわらとんぼが とまります
夏です お庭の 垣根です
お庭の お庭の 垣根です

せみとりぶくろが 通ります
夏です 垣根の 向うです
垣根の 垣根の 向うです

ちりりんふうりん 鳴りました
夏です 軒です ひぐれです
軒です 軒です ひぐれです

どこかでおせんこ 花火です
夏です 毎晩 匂います
毎晩 毎晩 匂います

1. ちいさいすいれんさきました
2. むぎわらとんぼがとまります
3. せみとりぶくろがとおります
4. ちりりんふうりんなりました
5. どこかでおせんこはなびです

大きなたいこ

小林純一 作詩

大きなたいこ
どーんどーん
小さなたいこ
とんとんとん
大きなたいこ
小さなたいこ
どーんどーん
とんとんとん

中田喜直 作曲

ちいさい秋みつけた

サトウ ハチロー 作詩

中田 喜直 作曲

1. だれかさんが だれかさんが だれかさんが みつけた
ちいさい秋 ちいさい秋 ちいさい秋 みつけた
めかくし鬼さん 手のなる方へ
すましたお耳に かすかにしみた
よんでる口笛 もずの声
ちいさい秋 ちいさい秋 ちいさい秋 みつけた

2. だれかさんが だれかさんが だれかさんが みつけた
ちいさい秋 ちいさい秋 ちいさい秋 みつけた
お部屋は北向き くもりのガラス
うつろな目の色 とかしたミルク
わずかなすきから 秋の風
ちいさい秋 ちいさい秋 ちいさい秋 みつけた

3. だれかさんが だれかさんが だれかさんが みつけた
ちいさい秋 ちいさい秋 ちいさい秋 みつけた
むかしの むかしの 風見の鳥の
ぼやけたとさかに はぜの葉ひとつ
はぜの葉あかくて 入日色
ちいさい秋 ちいさい秋 ちいさい秋 みつけた

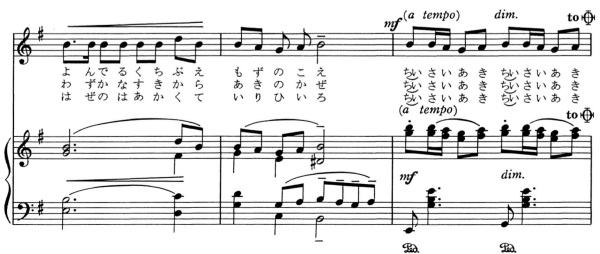

きちきちばった

平原武蔵 作詩
サトウハチロー 補作

中田喜直 作曲

1. きちきちばった きちきちばった
ふんばりばった とびでった
青空めがけて とんでった
草の実草の穂 こえてった
きらきらきれいな はねだった

2. きちきちばった あかばった
ひこうきばった おりてった
かくれんぼするよに 消えてった
いじわる坊主の ぼくだった
みんみんみんなと かけてった

3. きちきちばった あおばった
ながひげばった はねばった
見つけた小川の 土手だった
ほんとに泣きそな かおだった
ぴょこぴょこそろって あやまった

4. きちきちばった きちばった
さよならばった とび立った
お手々の上から すぐだった
夕焼色した 雲だった
ちらちらちらつく 波だった

みちばたのくさ

まど みちお 作詩

中田 喜直 作曲

みちばたの くさ
ちいさな くさ
ゆきすぎかけて
よく みたら
あった あった あった
はなが あった
あおい ちいさな
ほしのよう

みちばたの はな
ちいさな はな
かお くっつけて
よく みたら
あった あった あった
においも あった
とおい かすかな
うたのよう

ミツバチさんでも

巽　聖歌　作詩

あきの　のは
はなが　いっぱい
ミツバチさんでも
みつを　とるのに
まようだろ
こまるだろ

あかや　きや
はなが　いっぱい
親牛さんでも
どれを　とるやら
まようだろ
こまるだろ

中田 喜直　作曲

いたずらすずめ

関根 榮一 作詩

中田 喜直 作曲

いたずらすずめで
こまります
シッシッシッ
シッシッシッ
おこめを たべてる
シッシッシッ
かわいいすずめで
こまります
チュッチュッチュッ
チュッチュッチュッ
おこめを たべてる
チュッチュッチュッ

こ じ か

小林純一 作詩

なぜだか
しらないけれど
いちもくさんに
かけだしたくて
しょうがないの
ぴょん ぴょん ぴょん
ぴょーん ぴょん

つのでも
はえるのかしら
あたま とこが
くすぐったくて
しょうがないの
ぴょん ぴょん ぴょん
ぴょーん ぴょん

中田喜直 作曲

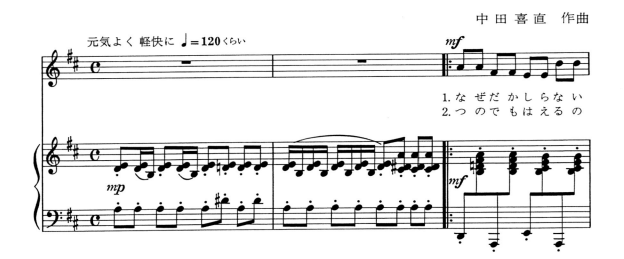

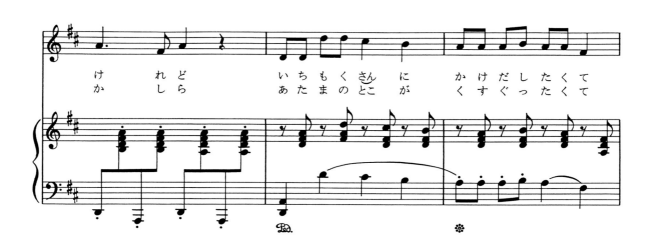

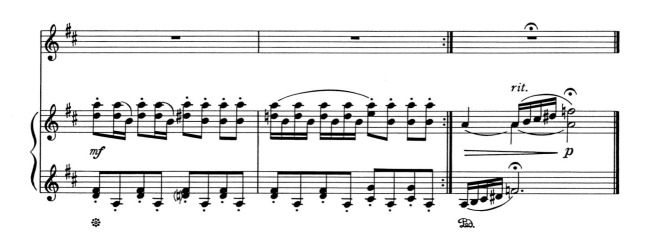

べこの子うしの子

サトウ ハチロー 作詩

中田 喜直 作曲

1. べこの子 うしの子 まだらの子
 かあさん牛に よくにた子
 大きくなったら お乳をだして
 ふもとの町の 赤ちゃん育て
 もうもうなかずに
 なかずに お遊びね

2. べこの子 うしの子 赤毛の子
 とうさん牛に よくにた子
 大きくなったら とんぼを呼んで
 二つつのの 朝露吸わせ
 もうもうおなかは
 おなかは いっぱいかい

3. べこの子 うしの子 すぐ寝る子
 おばさん牛に よくにた子
 大きくなったら ちょうちょを呼んで
 三つ四つ五つ 背中に乗せて
 もうもうお昼の
 お昼の 時間だよ

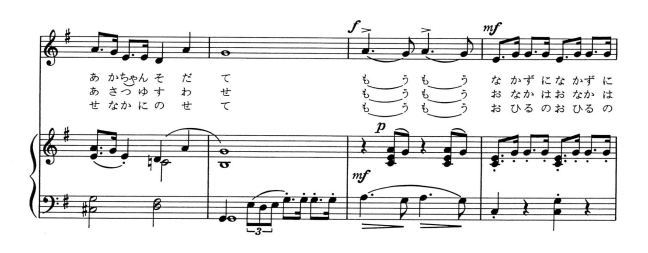

ぞうのはなは ながいな

小林純一 作詩

ぞうのはなは　ながいな
にほんのきばも　ながいな
しっぽだけ　わりあい　みじかいけど
ぞうのからだは　おおきいな
ぴらぴらみみも　おおきいな
めだけ　わりあい　ちいさいけど

中田喜直 作曲

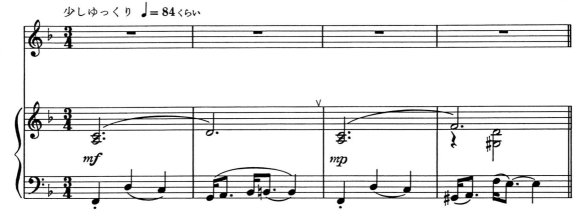

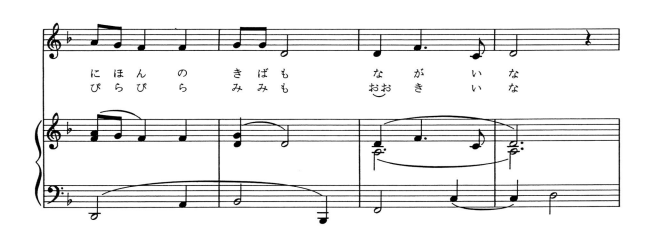

かぽかぽこうま

小林純一　作詩

こうま　かけるの　すきだから
ひろい　まきばを
かぽ　かぽ　かぽ
だけど　あかちゃんうまだから
かあさんの　そばで
かぽ　かぽ　かぽ
ときどき　おっぱい　ほしくって
おねだりしては
かぽ　かぽ　かぽ

中田喜直　作曲

カニサンオメメ

さいとう のぶお 作詩

カニサン オメメハ
デコボコ オメメ
（ヨク ミテゴラン）
フタツ ハナレテ
ソッポムイタ オメメ

カニサン オメメハ
トンガリ オメメ
（ヨク ミテゴラン）
デタリ ヒッコンダリ
チョウホウナ オメメ

カニサン オメメハ
ナニナニ ミテル
（サテ ナニカシラ）
イシノ シタカラ
アサノウミ ミテル

中田 喜直 作曲

ポケット おさえて

神沢利子 作詩

ポケット おさえて かけてきた
いいもの なんだろ あててごらん
ゴソゴソ いうから バッタだろ

ぼうしを かかえて かけてきた
いいもの なんだろ あててごらん
にいさん もいでた トマトだろ

中田喜直 作曲

ハンカチのうた

まど みちお 作詩
中田 喜直 作曲

ハンカチ カチカチ
まっしろ ハンカチ
しかくに たたんだ
しわなし ハンカチ カチカチカチ
みんなが かあさんに もらって
コツコツ コツコツ おでかけ

ハンカチ カチカチ
まっくろ ハンカチ
くしゃくしゃ まるめた
しわくちゃ ハンカチ カチカチカチ
みんなが かあさんに わたしに
コツコツ コツコツ おかえり

あかい　はね

まど　みちお　作詩

中田　喜直　作曲

あかい　はね
あかい　はね
こないだ　つけた
あかい　はね
ぼくの　むねの
あかい　はね
ようふく　きかえたら
ほっぺに　さわった

あかい　はね
あかい　はね
わたしの　むねの
あかい　はね
ママの　むねの
あかい　はね
ならんで　あるいたら
ウインドに　うつった

元気よく ♩=104くらい

1. あ　か　い　は　ね
2. あ　か　い　は　ね

さわると秋がさびしがる

サトウ ハチロー 作詩

中田 喜直 作曲

一、ぽろんとこぼれた くりの実の
　いがの上にも 秋がいる
　しずかに しずかに
　さわるな さわるな
　さわると秋が さびしがる

二、ぴちんとはじけた ほうせんか
　たねにちょこんと 秋がいる
　しずかに しずかに
　さわるな さわるな
　さわると秋が さびしがる

三、ちゅるんとちぢれた さぎ波の
　しわの中にも 秋がいる
　しずかに しずかに
　さわるな さわるな
　さわると秋が さびしがる

四、ぴょろんとないてる こおろぎの
　ひげのふるえに 秋がいる
　しずかに しずかに
　さわるな さわるな
　さわると秋が さびしがる

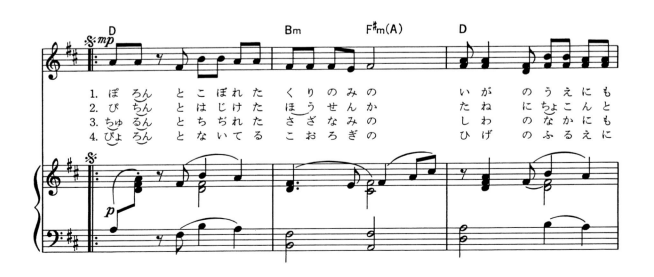

小さい木馬

若谷和子 作詩

小さい木馬　むかしの木馬
物置小屋にと　つながれて
まあるいふし穴　のぞいてた
穴から見えてる　白い雲
お馬の形だ　消えるなよ

小さい木馬　むかしの木馬
つめたいひぐれは　秋風が
ちぎれたしっぽを　なぜにくる
のってた坊やは　もう十三
どこかで口笛　ふいている

小さい木馬　むかしの木馬
栗毛の自慢の　たてがみも
たまったほこりに　しおれてた
お耳にとまって　こおろぎが
毎晩おはなし　きかせてた

中田喜直 作曲

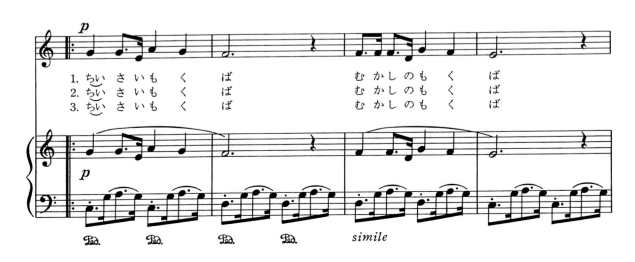

おとしより

小林純一　作詩

おとしよりの
ての　しわは
たくさん　いきて
はたらいた
しるしですって

おとしよりに
あくしゅ　して
たくさん　いきた
おはなしを
おききしましょうね

中田喜直　作曲

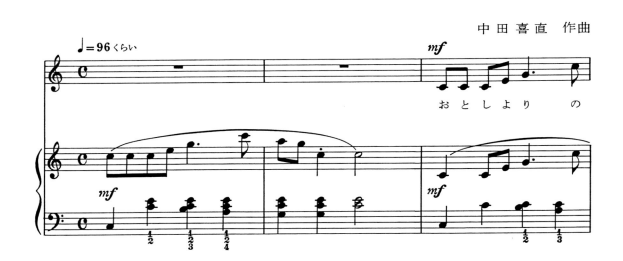

おかずはなーに

大友みや 作詩

ノンちゃん あさのごはん なんでたべた
アノネ たまごと のりと おみそしる
おいしかったでしょ
ウン トッテモよ

ノンちゃん ひるのごはん なんでたべた
アノネ ごはんはないの ミルクパン
おいしかったでしょ
ウン トッテモよ

ノンちゃん よるのごはん なんでたべた
アノネ おにもだったかな おにくかな
おいしかったでしょ
ウン ねむかった

中田喜直 作曲

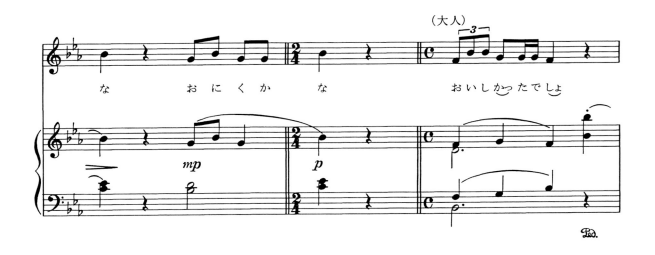
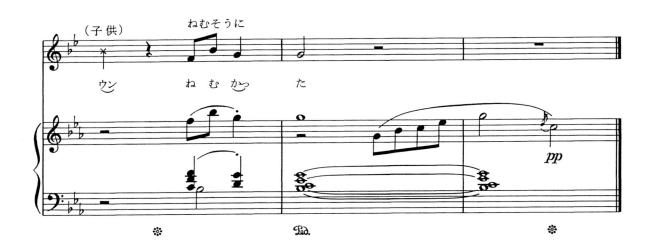

ぶどうのふさ

小林純一 作詩

手のひらにのせて ごらんなさい
むらさきのつぶつぶ ぶどうのふさ
あなたは思ったこと ないかしら
一ふさがひとつの実かしらと
一つぶがひとつの実かしらと
それから思ったこと ないかしら
こんなにもきれいな むらさきに
だれがいつこっそり 染めたかと
手のひらにのせて ごらんなさい
秋の日のくだもの ぶどうのふさ

中田喜直 作曲

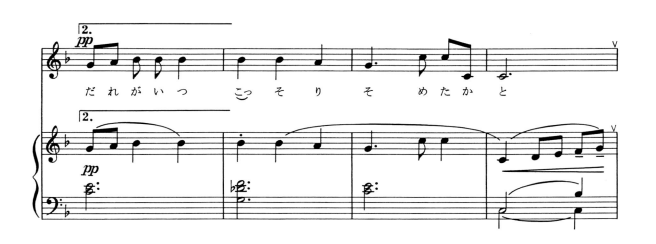

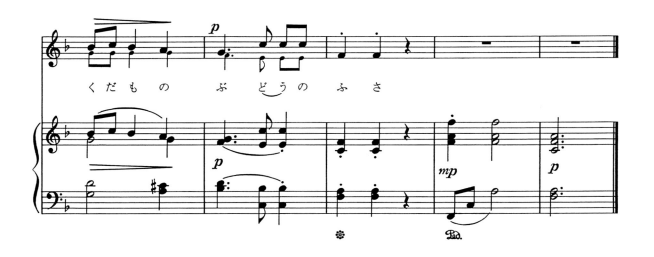

なっぱのうた

関根榮一　作詩

中田　喜直　作曲

なんなん　なっぱっぱ
なっぱっぱの　なっぱはね
しおを　かけられ
ぱぁらぱらの　ぱぁらぱらと
ふりかけられて
いしのおもしを　ずしんと
のせられた　のせられた

なんなん　なっぱっぱ
なっぱっぱの　なっぱはね
つかみだされて
ぎゅう　ぎゅうの　ぎゅうぎゅっと
みず　しぼられて
なっきりぼうちょうで　じょきんと
きざまれた　きざまれた

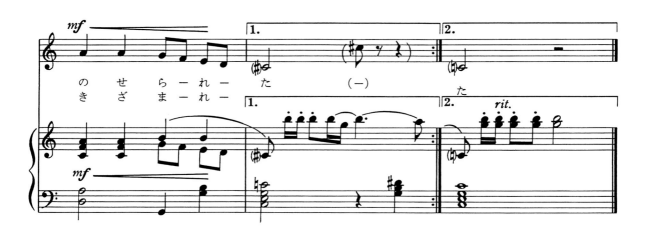

お月さんと坊や

サトウ ハチロー 作詩

1. ついたちお月さん 象さんのおめめ
おめめのお月さん どんなものをみてた
かわいい坊やと 坊やのおじぎ
それから わんわんちゃんの
さよならみてた

2. 三か月お月さん うさちゃんのお耳
お耳のお月さん どんなことを聞いた
かわいい坊やの おやすみなさい
それから ねんねんようの
おうたもきいた

中田 喜直 作曲

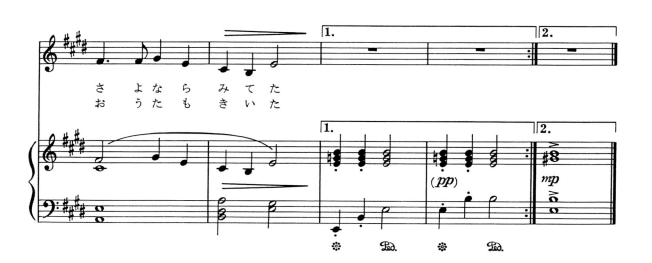

もりのよあけ

与田準一 作詩

中田喜直 作曲

くるみの おとで
よがあけます
もりの なかの
りすの おうち
ぽりん ぽりん かりん
ぽりん ぽりん かりん
おほしさま だれが
けすのでしょう
りすは くるみで
あさの ごはん
ぽりん ぽりん かりん
ぽりん ぽりん かりん

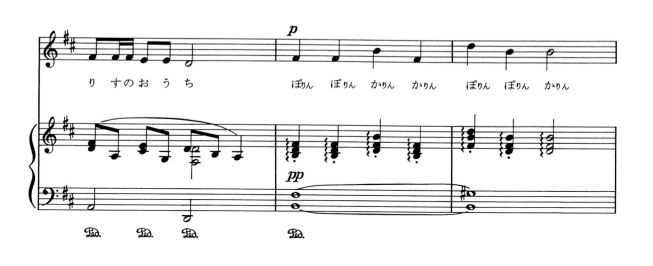
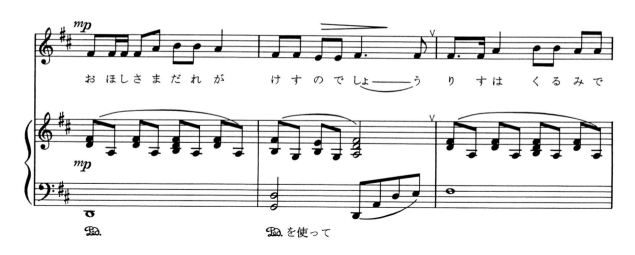
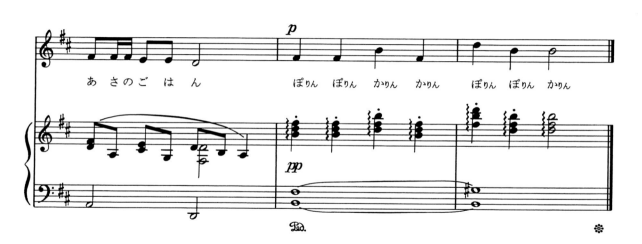

秋にさよならする日

サトウ ハチロー 作詩

中田 喜直 作曲

秋にさよなら　する朝は
ぎんなんたくさん　ひろいましょう
かぞえておうちへ　かえりましょう
かかえておうちへ　かえりましょう

秋にさよなら　する昼は
いちょうの葉でも　かきましょう
きいろいクレオン　つかいましょう
上手にクレオン　つかいましょう

秋にさよなら　する夜は
ぎんなんやきやき　たべましょう
おばばのはなしを　ききましょう
だまってはなしを　ききましょう

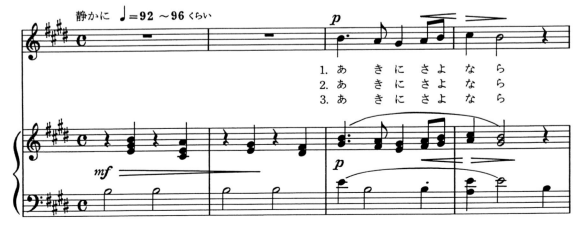

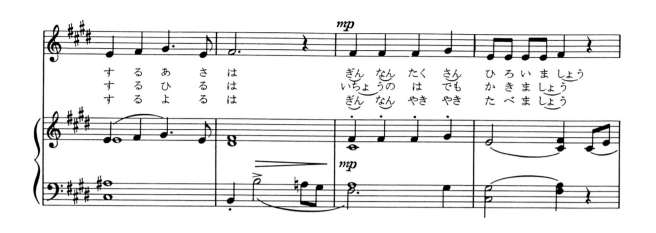
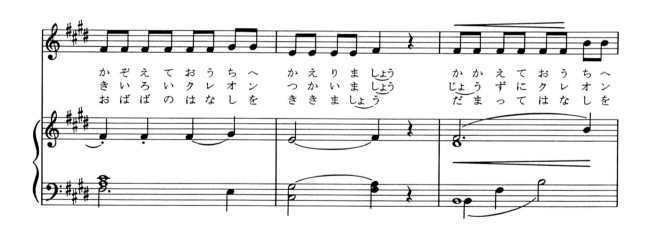

わらいかわせみに話すなよ

サトウ ハチロー 作詩

1. たぬきのね たぬきのね 坊やがね
　おなかにしもやけ できたとき
　——わらいかわせみに 話すなよ
　ケラケラケラケラケラケラとうるさいぞ

2. キリンのね キリンのね おばさんがね
　のどにしっぷを してるとき
　——わらいかわせみに 話すなよ
　ケラケラケラケラケラケラとうるさいぞ

3. 象さんのね 象さんのね おじさんがね
　はなかぜ用心に 筒はめた
　——わらいかわせみに 話すなよ
　ケラケラケラケラケラケラとうるさいぞ

中田 喜直 作曲

☆注：1音下げてもよい。

つんとうつらら

結城ふじを　作詩
中田喜直　作曲

のきばの　つらら
ならんだ　つらら
おひさま　でたので
つんとう　つんとう
あそぶのね

ふとっちょ　つらら
やせっぽ　つらら
はーるの　おはなし
つんとう　つんとう
してるのね

こどもの　つらら
かわいい　つらら
たのしい　おうたを
つんとう　つんとう
うたうのね

とんとんともだち

サトウ ハチロー 作詩

中田 喜直 作曲

1. とんとんともだち みんなで九人
いっちゃん じろくん さぶちょん四ゲほう
ごろちゃん ろくんぼ ななちん
やっちゃんこに きゅうどんどん
誰かが叱られた みんなでごめんなさい

2. とんとんともだち かぞえて九人
いっちゃん じろくん さぶちょん四ゲほう
ごろちゃん ろくんぼ ななちん
やっちゃんこに きゅうどんどん
誰かがくしゃみした みんなかぜひいた

3. とんとんともだち なかよし九人
いっちゃん じろくん さぶちょん四ゲほう
ごろちゃん ろくんぼ ななちん
やっちゃんこに きゅうどんどん
誰かがけがをした みんながべそかいた

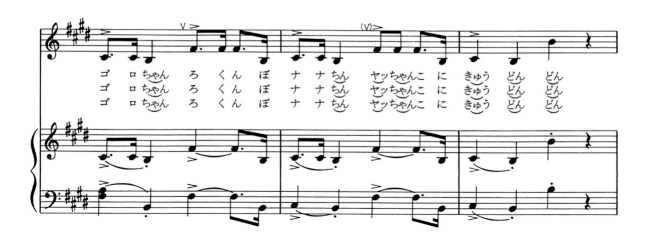

なかよしこっつんこ

田中昭子 作詩
まど みちお 補作

中田喜直 作曲

1. ぼくの おはなが ママの おはなに そうっと そうっと こっつんこ おはよう ママって こっつんこ
2. ママの おでこがね ぼくの おでこに そうっと そうっと こっつんこ おねつは ないのと こっつんこ
3. ぼくの ほっぺとね ママの ほっぺが そうっと そうっと こっつんこ なかよし こよしで こっつんこ

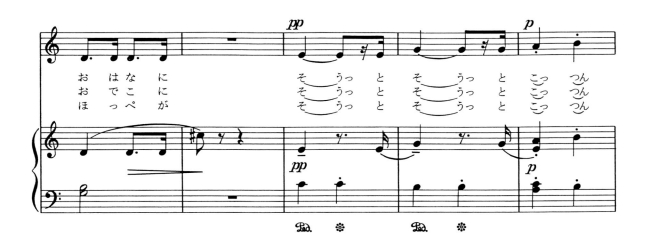

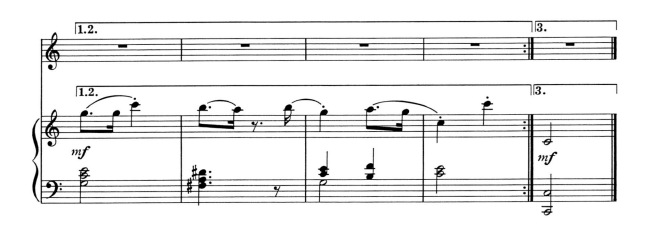

く　せ

阪田寛夫　作詩

中田喜直　作曲

あたまを　かくくせ
だれのくせ
「それはぼく」って
だれかが　あたまを
ちょっと　かいた

おやゆび　しゃぶるの
だれのくせ
「あたしじゃない」って
だれかが　おやゆび
そっと　かくす

ちいさい こ

まど みちお 作詩

中田 喜直 作曲

ころんで ないてる
ちいさい こ
でも ぼくね
おこさないで みてたんだ
おきたら えらいと
おもいながら
——ママが ぼくに するように
やっぱり えらいな
ちいさい こ
ほら もうね
ないてないよ めをふいた
ほこりを はらって
しゃんと たった
——ぼくが いつも するように

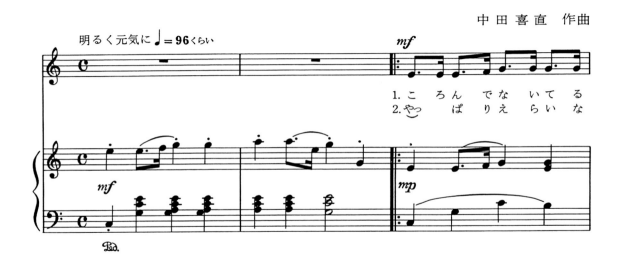

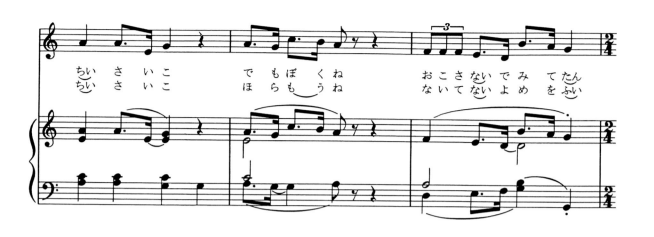

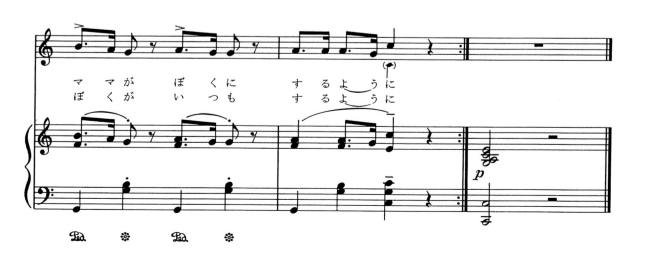

らくちん　らくちん

山崎喜八郎　作詩

パパがこのてで　ママこっち
らくちん　らくちん　ブランコよ
おんぶするより　すきなんだ
らくちん　らくちん　ブランコよ

にもつみたいになっちゃうね
らくちん　らくちん　ブランコよ
おうちがみえたら　ぼくおりる
らくちん　らくちん　ブランコよ

中田喜直　作曲

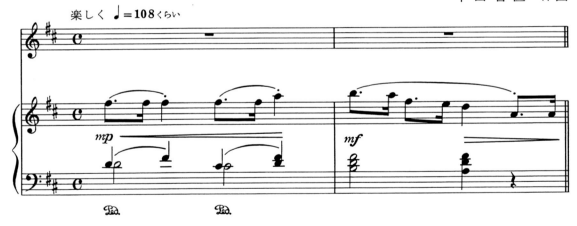

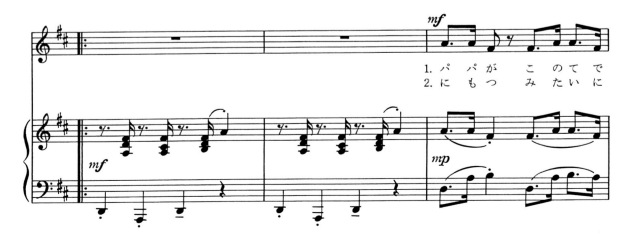

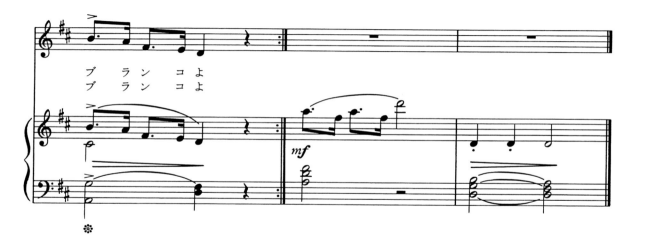

ねむたく なっちゃった

伊野上のぼる 作詩

中田喜直 作曲

風が雨戸を たたいてる
時計は十時を まわってる
かん字のかきとり 宿題は
かいても かいても 終らない
ああ……ア
ねむたく なっちゃった

ママは毛糸を あんでいる
妹は とっくに ねむってる
こんなに時間が かかるなら
やっときゃ よかった 昼のうち
ああ……ア
ねむたく なっちゃった

犬が どこかで ほえている
そばやのチャルメラ 遠くなる
あくびを こらえて えんぴつを
やたらに けずって とがらせて
ああ……ア
ねむたく なっちゃった

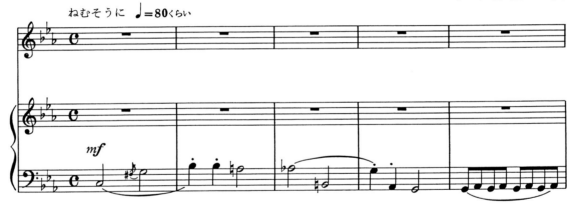

いたちょこ ぷっちん

関根榮一 作詩

いたちょこ ぷっちん
おくちに ぽい
もひとつ ぷっちん
あまいよ ぽい

いたちょこ ぷっちん
おいしい ぽい
たべきりゃ ぷっちん
おしまい ぽい

のこった ぎんがみ
おかごに ぽい
ぽーい ぽい

中田喜直 作曲

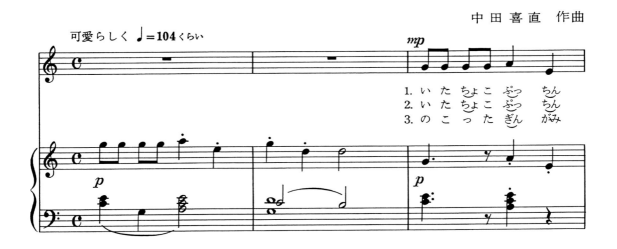

りんごころん

さとう よしみ 作詩
中田 喜直 作曲

1. りんご りんご ならんだ りんご いまから どこへ なにしに いくの ころん ころん ころん ころん ころん ころん
2. りんご りんご ころがる りんご こどもの ポッケに かくれに いくの ころん ころん ころん ころん ころん ころん

りんご

矢崎節夫 作詩
中田喜直 作曲

りんごは　りんごの
そのなかに
ちいさい　ろうそく
ともしてる

りんごの　りんごの
そのなかで
ほのかに　ろうそく
ともってる

りんごを　みてると
わたしまで
ほんのり　あかるく
なってくる

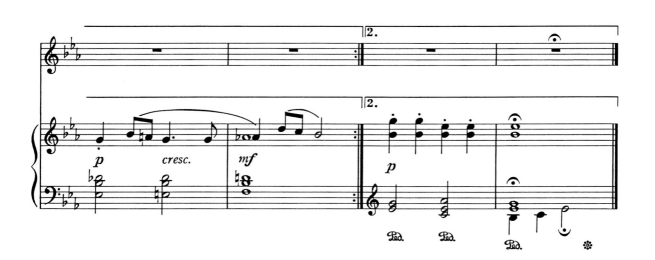

ペンギンちゃん

まど みちお 作詩

中田 喜直 作曲

ペンギンちゃんが おさんぽ していたら
空から ぼうしが おちてきた
サンキュー かぶって よちよち いきました
ペンギンちゃんが おさんぽ していたら
空から ステッキ おちてきた
サンキュー ひろって ふりふり いきました

かあさんが　かあさんがいないんだね

サトウ ハチロー 作詩

1. こうまが　トン あしぶみ　トン
   あさから　トン トン
   かあさんが　かあさんが　いないんだね
   おにわのたきびに　よんでやろか

2. こきじが　ケン なんども ケン
   おやまで　ケン ケン
   かあさんが　かあさんが　いないんだね
   おやつをあげると　よんでやろか

3. きつねが　コン とおくで コン
   さむいから　さむいから
   ひぐれに　コン コン
   かあさんが　かあさんが　いないんだね
   こんやはおいでと　よんでやろか

中田 喜直 作曲

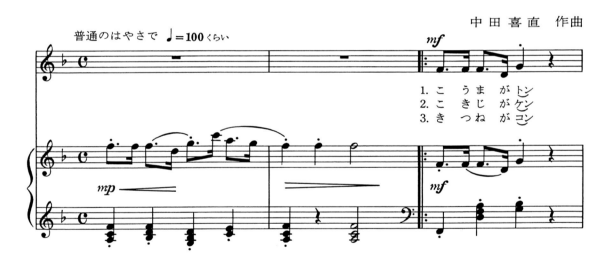

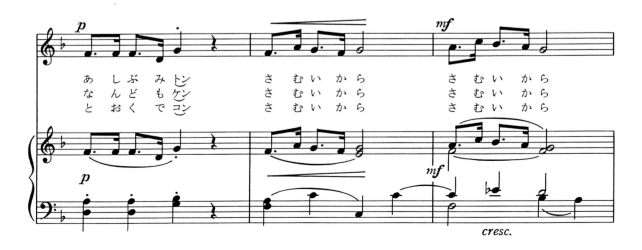

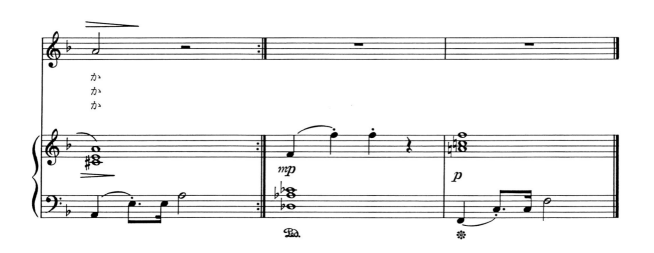

はた

小春久一郎　作詩

中田喜直　作曲

せかいの そらで
ぱた ぱた ぱた
せかいの はたが
ぱた ぱた ぱた
おはなし してるよ
なかよしね
せかいの そらで
ぱた ぱた ぱた
にほんの はたも
ぱた ぱた ぱた
うたって いるよ
なかよしね

モショモショフムフム
（ゆきだるま）

サトウ ハチロー 作詩

1.
ゆきだるま ゆきだるま
だれかさんににてる ハテナ
ないしょで モショモショフムフム
帽子をかぶせりゃ となりのおじさん
シッシッしずかに ないしょだよ

2.
ゆきだるま ゆきだるま
だれかさんににてる ハテナ
ないしょで モショモショフムフム
もすこしやせれば トコヤのおばさん
シッシッしずかに ないしょだよ

3.
ゆきだるま ゆきだるま
だれかさんににてる ハテナ
ないしょで モショモショフムフム
おひげをつければ パンヤのおじさん
シッシッ しずかに ないしょだよ

中田 喜直 作曲

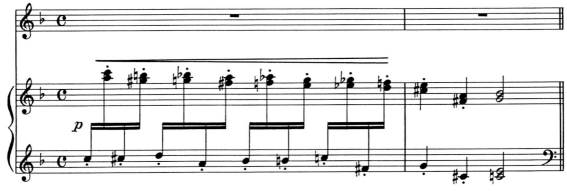

☆註：音程は不正確になってもよいから、実際の感じをだすこと。

ストーブかこんでおはなししましょ

若谷和子 作詩

ストーブかこんで　おはなししましょ
今夜もはじめは　おばあさま
窓から粉雪　のぞいてる
おもちゃの熊まで　きいている

ストーブかこんで　おはなししましょ
おみかんむきましょ　ひとやすみ
パチパチ火の子が　手をたたく
おつぎはだれかと　まっている

中田喜直 作曲

ゆきのじゅうたん

小林純一　作詩

ひろい　はらっぱ　いっぱいに、
ゆきが　じゅうたん　しきました。
とんでも　はねても　いいように、
あつい　じゅうたん　しきました。

みんな　こいこい、とんで　こい、
ゆきの　じゅうたん　ふみに　こい。
ふゆから　ぼくらへ　プレゼント、
しろい　じゅうたん　ふみに　こい。

中田喜直　作曲

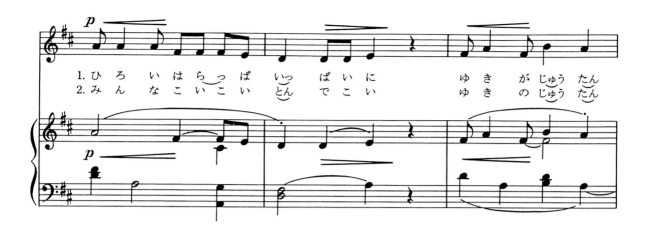

握手をしよう　手をたたこう

小林純一　作詩

となりの人と、向きあって、握手、
「こんにちは。」
こっちの人とも、向きあって、握手、
「よろしく。」
それからいっしょに　手をたたこう、
心のリズムを　合わせよう。
ほら、
ンパ　ンパ　ンパッパ、
ンパ　ンパ　ンパッパ、
ンパ　ンパ　ンパンパ
ンパ　ンパ　ンパッパ。

向こうの人と、笑顔で、目と目、
「こんにちは。」
こっちの人とも、笑顔で、目と目、
「よろしく。」
も一度いっしょに　手をたたこう、
心の結び目、強めよう。
ほら、
ンパ　ンパ　ンパッパ、
ンパ　ンパ　ンパッパ、
ンパ　ンパ　ンパンパ
ンパ　ンパ　ンパッパ。

中田喜直　作曲

おんぶとだっこ

サトウ ハチロー 作詩

一、おんぶとだっこ
　どっちがおすき
　かあさんにはおんぶ
　とうさんにはだっこ
　冬にはおんぶ　夏にはだっこ
　どっちもどっちも　どっちもよ

二、おんぶとだっこ
　どっちがおすき
　ねえさんにはおんぶ
　にいさんにはだっこ
　ひぐれはおんぶ　ひるまはだっこ
　どっちもどっちも　どっちもよ

三、おんぶとだっこ
　どっちがおすき
　おばさんにはおんぶ
　おじさんにはだっこ
　雨の日おんぶ　おてんきはだっこ
　どっちもどっちも　どっちもよ

中田 喜直 作曲

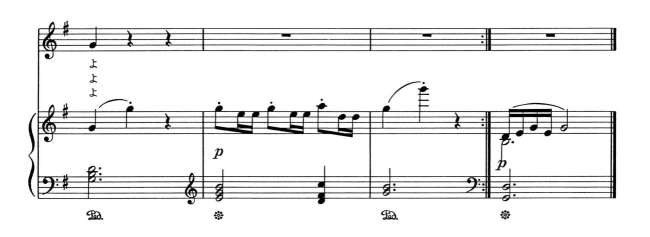

心の中のオルゴール

小林純一　作詩

心の中に　しまってある
かわいい小箱　オルゴール
だれも知らない　あけられない
わたしの秘密の　オルゴール

ときどきそっと　ふたをとって
心で鳴らす　オルゴール
白い野バラが　かおるような
やさしい調べの　オルゴール

さみしい時や　つらい時に
こっそり鳴らす　オルゴール
いつもだいじに　かかえている
心の心の　オルゴール

中田喜直　作曲

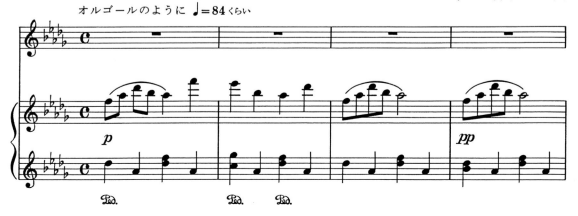

びっくりしちゃったの

佐藤雅子　作詩

びっくり　しちゃったの
それはね　王子様のパパ
そしてね　お姫様のママ
結婚式の写真なの
二人並んで　夢のよう

びっくり　しちゃったの
いつもは　おねぼうのパパ
そしてね　あわてんぼうのママ
結婚式の写真では
二人並んで　すまし顔

びっくりしちゃったの
ときどき　よっぱらいのパパ
そしてね　でぶっちょのママ
結婚式の写真では
二人並んで　しあわせそう

王子様とお姫様
すてきな私のパパとママ

中田喜直　作曲

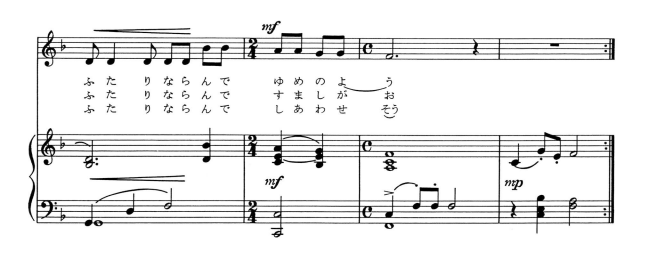

だれもしらない

谷川俊太郎　作詩

中田喜直　作曲

お星さまひとつ　プッチンともいで
こんがりやいて　いそいでたべて
おなかこわした　オコソトノホ
誰もしらない　ここだけのはなし

とうちゃんのぼうし　空へなげたら
みかづきめがけ　空飛ぶ円盤
かえってこない　エケセテネへ
誰もしらない　ここだけのはなし

としよりのみみず　やっでの下で
すうじのおどり　そっとしゅくだい
おしえてくれた　ウクスツヌフ
誰もしらない　ここだけのはなし

でたらめのことば　ひとりごといって
うしろをみたら　ひとくい土人
わらって立ってた　イキシチニヒ
誰もしらない　ここだけのはなし

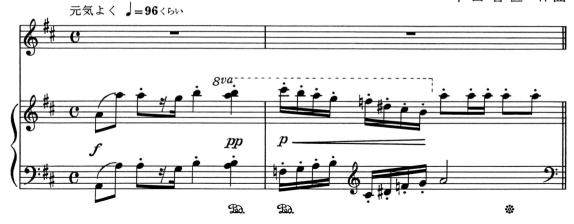

とりっこ にらめっこ

島田陽子 作詩

中田喜直 作曲

とりっこ とりっこ
ケーキが ひとつ
ぼくが たべるんだ
そっと のばした
ぼくの てと
おねえちゃんの てが
ごっつんこ
とりっこ にらめっこ
あっぷっぷ

とりっこ とりっこ
ぶらんこ ひとつ
ぼくが のるんだ
こわい かおして
にらんだら
まりちゃんも やっぱり
こわい かお
とりっこ にらめっこ
あっぷっぷ

ひとつ いっぽん

関根 榮一 作詩

中田 喜直 作曲

ひとつ いっぽん さいのつの
ふたつ にこずつ めだまやき
みっつ さんしょく しんごうき
よっつ よんほん いぬのあし
いつつ つつじの はなびら ごまい
むっつ ろっかく かめのこう
ななつ ななほし てんとむし
やっつ はっぽん たこのあし
ここのつ きゅうこは はすのあな
とうで でんわの だいやる じゅうよ

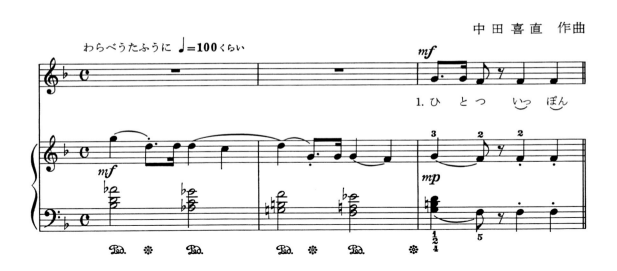

195

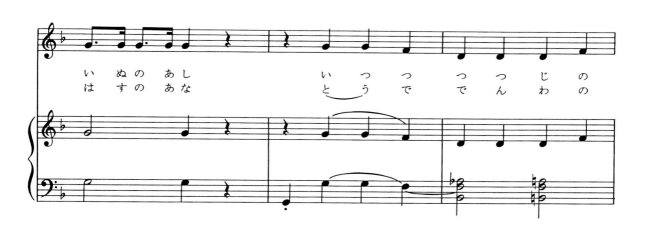

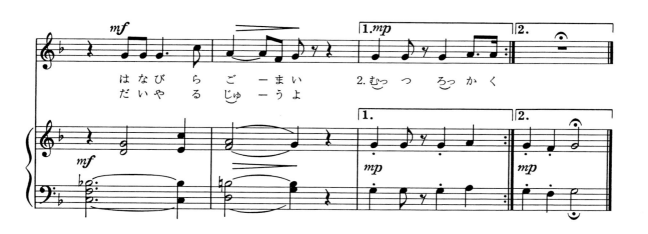

いっぱいとひとつ

まど みちお 作詩
中田 喜直 作曲

うたごえ わらいごえ
いっぱいで いっぱいで
ぼくんち ひとつ

ぼくんち きみんち
いっぱいで いっぱいで
このまち ひとつ

このまち あのまち
いっぱいで いっぱいで
にほんが ひとつ

にほんと よそのくに
いっぱいで いっぱいで
せかいが ひとつ

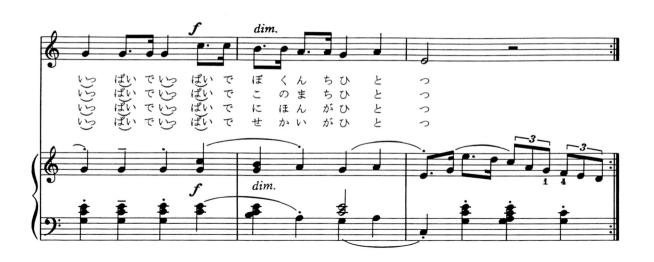

◎ 1番は斉唱で歌う
◎ 2番から2拍づつおくれて輪唱が出来る。
（2部か3部くらいが適当である。）
◎ 5小節目の「いっぱいで いっぱいで」を何回かくり返して、後からくるパートを待ち、一緒になった所で、更に数回くり返してcresc.をして最後の2小節にすすむ。

なぞなぞ

与田準一 作詩

一、ばんおきて
あさねんね
だあれ
きかんしさん かまたきさん
あぁたった

二、つのふたつ
つめふたつ
だあれ
うしでしょう やぎでしょう
あぁたった

三、ふゆはえて
なつかれる
なあに
むぎばたけ そうでしょう
あぁたった

中田喜直 作曲

おほりの白鳥

清水たみ子　作詩

青いおほりに　きょうもまた
ひっそりうかぶ　白い鳥
白鳥　白鳥
きれいな鳥

ならんであそぶ　水の上
かげもならんで　すべってく
白鳥　白鳥
やさしい鳥

おほりをわたる　そよ風に
まちのひびきを　きいている
白鳥　白鳥
しずかな鳥

中田喜直　作曲

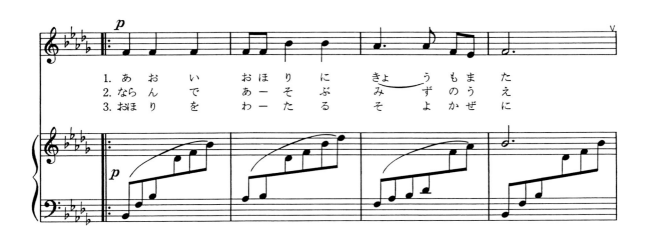
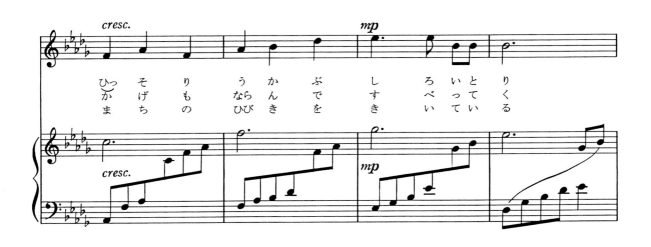

201

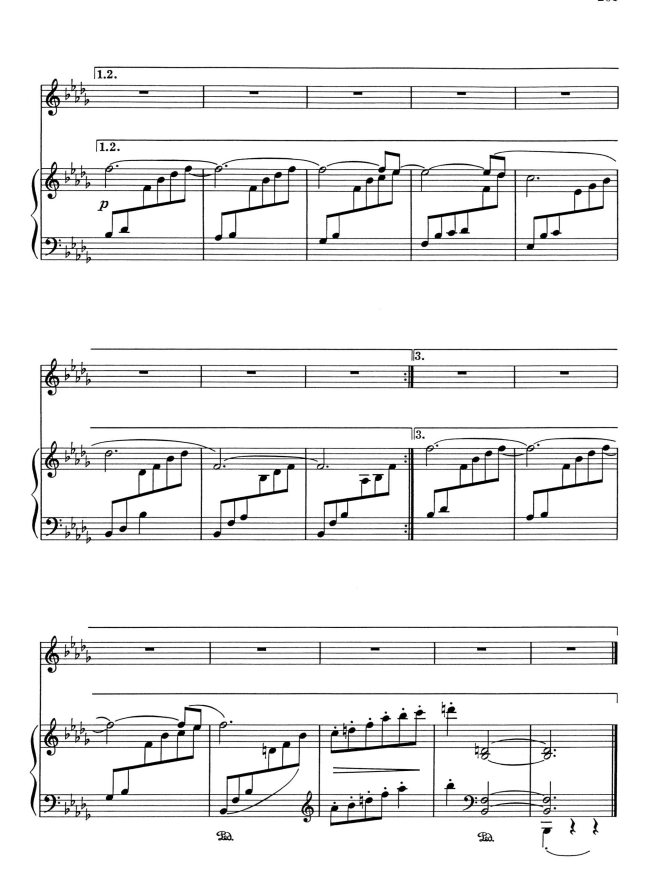

町の燈台

小林純一 作詩

中田喜直 作曲

えんとつかしら
鉄塔かしら
きえたり ついたり
くらい夜空に
ぽっ ぽっ ぽっ ぽっ ぽう 赤い灯は

ぽっ ぽっ ぽっ ぽっ ぽう
空の燈台
ぶつからないで と いっている
あぶないですよ
ひこうきさん

ぽっ ぽっ ぽっ ぽっ ぽう
シーソーみたいに 赤い灯は
きえたり ついたり
ちかいのかしら
とおいのかしら

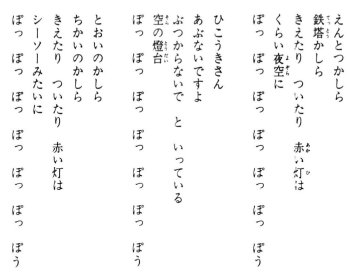

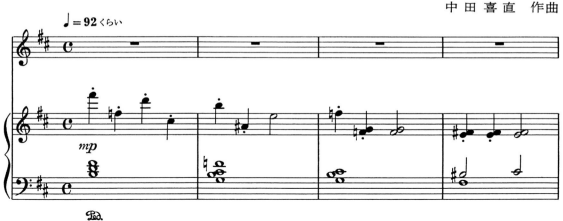

えんとつかしら　てっとうかしら　きえたりついたり　あかいひは

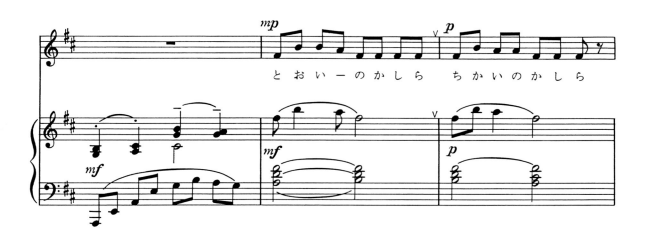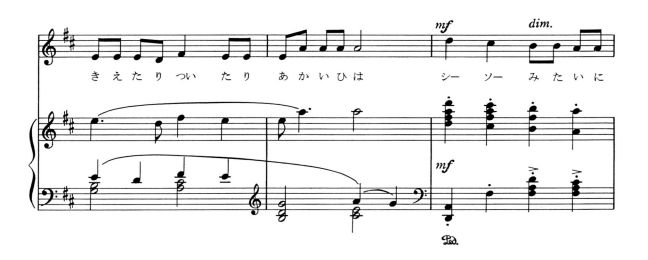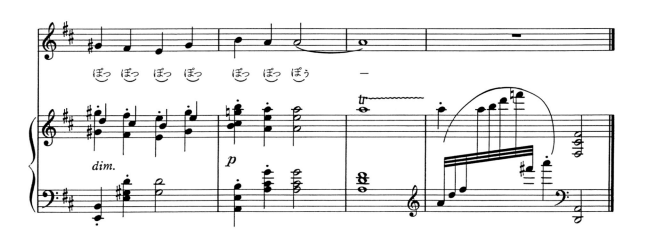

よごれた川

宮沢章二　作詩

中田喜直　作曲

なぜだか知らない　わからない
川からとれた　そのフナは
からだのまがった　そのフナなんだ
なぜだか知らない　わからない
からだのまがった　フナの目に
なみだが　ひかっていたんだよ

なぜだか　水にも　毒がある
泣いてるような　そのフナは
やっぱり病気の　フナなんだ
なぜだか　水にも　毒がある
からだのまがった　フナなんて
へんだと　みんながいうんだよ

なぜだか　よごれた　川だけど
さかなはどこへ　行けるだろ
どこへも行けずに　生きている
なぜだか　よごれた　川だけど
だまって泳いで　生きている
フナには　お医者もいないんだ

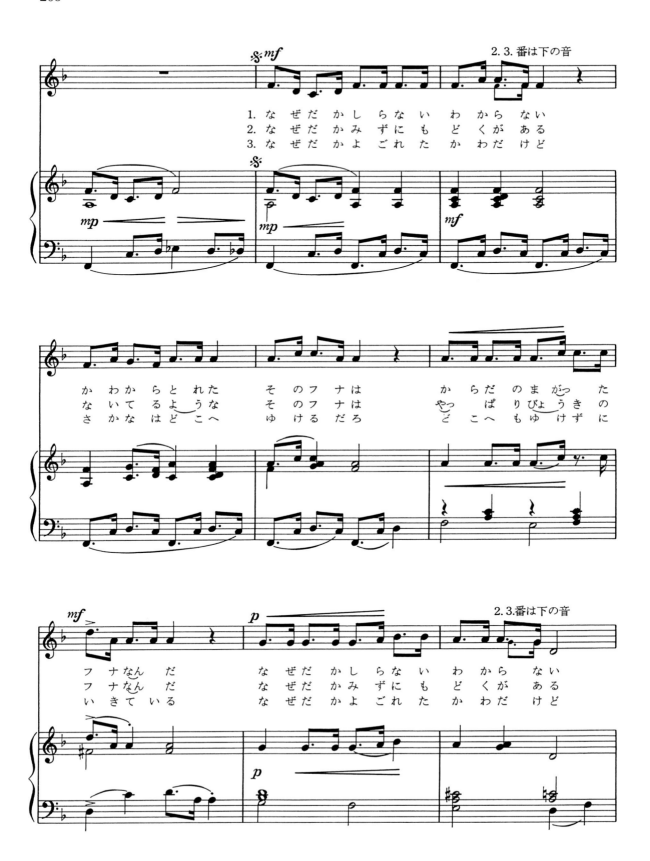

もんく

小林純一 作詩
中田喜直 作曲

きつねが おおぜい
あつまって
みんなで決議を したという
ろばも たくさん
あつまって
署名運動したという
きつねは
「ずるくは ないんだ」と
ろばは
「のろまじゃ ないんだ」と
そのうち みんなで
おしかけて
本屋に抗議を するという
そしたら
世界のお話の
すじが ずいぶん かわるだろう

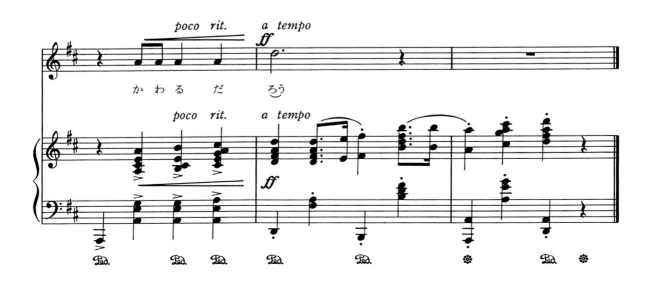

ロケット　アポロ

宮沢章二　作詩

中田喜直　作曲

うちゅうを　ぐんぐん
とんでった
ロケット　ロケット　アポロ
つきからちきゅうを
ながめたら
ちきゅうは　そらに
ういてたね
ロケット　ロケット　アポロ

うちゅうは　どっちが
うえだろう
ロケット　ロケット　アポロ
つきからちきゅうへ
もどったら
やっぱり　そらに
おつきさま
ロケット　ロケット　アポロ

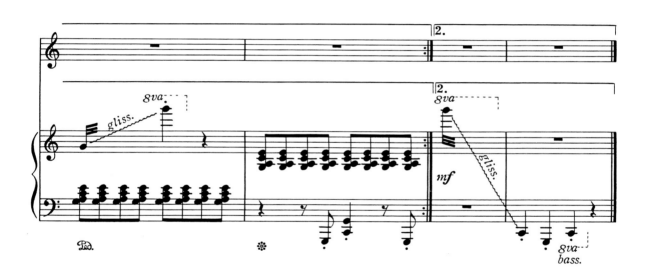

この曲は，最初の1小節は，4秒前からの秒読みで，それから発射して飛んでゆきます。
伴奏がむずかしいときは，次のように，少し音を省略してもかまいません。

おべんとう

阪田寛夫　作詩

おべんとうを　ひらくとき
おかあさんのこと　かんがえる
うれしいな
なんだろな
たまごやきの
においするな

おべんとうを　たべるとき
おべんとうのこと　かんがえる
おいしいな
なんだろな
おしょうゆの
においするな

中田喜直　作曲

怪　我

西條八十　作詩

ふいても　ふいても
血がにじむ
泣いても　泣いても
まだ痛む

ひとりで怪我した
くすり指
ほかの指まで
蒼白めて
心配そうに
のぞいてる

中田喜直　作曲

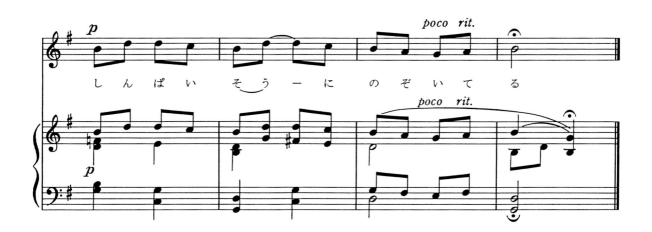

はしれはしれモノレール

鶴岡千代子　作詩

中田喜直　作曲
伊藤幹翁　編曲

ひかりのシャワー　浴びながら
まど　まど　まどを　きらめかせ
モノレールるる　モノレールるる
はしれ　はしれ　風切ってはしれ
虹（にじ）くぐりぬけ　雲おいかけて
おおきな未来（みらい）へ
タウンライナー
千葉（ちば）モノレール　今日（きょう）もあしたも　GO

ララ　パノラマ　ひろがるうえを
新（あたら）しい時代（とき）にむかって　力（ちから）いっぱい
いま　いま　いまを　はしりつづける
まるでペガサス　空（そら）かけるように
いのちのかがやき　乗（の）せながら
ゆめ　ゆめ　ゆめを　あふれさせ
モノレールるる　モノレールるる
はしれ　はしれ　どこまでもはしれ
鳥（とり）とならんで　街（まち）みおろして
ひらける未来へ
タウンライナー　千葉モノレール　今日もあしたも　GO

題名による索引

題　名	作　詩	頁
【あ】　あかい　はね	まど　みちお	128
秋にさよならする日	サトウ　ハチロー	148
握手をしよう　手をたたこう	小　林　純　一	182
あじさいてまり	小　林　純　一	66
あひるの行列	小　林　純　一	34
あまのじゃく	清　水　た　み　子	95
ありさんのえんそく	水　村　三　千　夫	52
【い】　いたずらすずめ	関　根　榮　一	114
いたちょこ　ぷっちん	関　根　榮　一	166
いちご	小　林　純　一	16
いっぱいとひとつ	まど　みちお	196
【え】　えっちら山のぼり	小　林　純　一	54
えんそくのうた	小　林　純　一	14
【お】　大きなたいこ	小　林　純　一	104
おかあさん	田　中　ナ　ナ	86
おかあさんをさがすうた	阪　田　寛　夫	32
おかずはな一に	大　友　み　や	136
お月さんと坊や	サトウ　ハチロー	144
おとしより	小　林　純　一	134
お花とちょうちょ	中　条　雅　二	22
おべんとう	阪　田　寛　夫	214
おほりの白鳥	清　水　た　み　子	199
おんぶとだっこ	サトウ　ハチロー	184
【か】　かあさんが　かあさんがいないんだね	サトウ　ハチロー	172
かざぐるま	小　林　純　一	65
かぜさんだって	芝山　かおる（サトウ　ハチロー　補作）	40
カニサンオメメ	さいとう　のぶお	123
かぼかぼこうま	小　林　純　一	122
かわいいかくれんぼ	サトウ　ハチロー	48
【き】　きたかぜさん	こわせ　たまみ	153
きちきちばった	平　原　武　蔵（サトウ　ハチロー　補作）	108
ぎんやんまのうた	関　根　榮　一	80
【く】　ククンクップクップくすぐったい	サトウ　ハチロー	88
く　せ	阪　田　寛　夫	158

題 名	作 詩	頁
【け】 怪 我	西 條 八 十	216
【こ】 心の中のオルゴール	小 林 純 一	186
こじか	小 林 純 一	116
【さ】 さわると秋がさびしがる	サトウ ハチロー	130
【し】 しずかにしてね	こわせ たまみ	90
ジャイアント パンダの歌	サトウ ハチロー	62
白い小石	南 雲 純 雄	100
【す】 すいかがころごろ	三 越 左 千 夫	72
ストーブかこんでおはなししましょ	若 谷 和 子	178
スワンのつばさ	与 田 準 一	92
スワンよスワン	小 林 純 一	42
【せ】 せみのうた	さとう よしみ	78
【そ】 ぞうのはなは　ながいな	小 林 純 一	120
【た】 大という字	根 本 つ と む	12
だれもしらない	谷 川 俊 太 郎	190
【ち】 ちいさい秋みつけた	サトウ ハチロー	105
ちいさい　こ	まど みちお	160
小さい木馬	若 谷 和 子	132
チリンチリンじてんしゃ	小 林 純 一	56
【つ】 つんとうつらら	結 城 ふ じ を	152
【と】 どうぶつえんは　38ど	小 春 久 一 郎	60
とりっこ　にらめっこ	島 田 陽 子	192
とんとんともだち	サトウ ハチロー	154
【な】 なかよしこっつんこ	田 中 昭 子（まど みちお 補作）	156
なきむしのうた	関 根 榮 一	36
なきむし　ひよこ	小 黒 恵 子	30
なぞなぞ	与 田 準 一	198
夏です	サトウ ハチロー	102
なっぱのうた	関 根 榮 一	142
なみとかいがら	まど みちお	94
何だろ誰だろ	サトウ ハチロー	38
【ね】 ねむたくなっちゃった	伊 野 上 の ぼ る	164
【は】 はしれはしれモノレール	鶴 岡 千 代 子	218
バスケットのビスケット	まど みちお	15
は　た	小 春 久 一 郎	174
はちみつ　みつ　みつ	鶴 岡 千 代 子	18

題　名	作　詩	頁
バナナのうた	さとう　よしみ	74
ハンカチのうた	まど　みちお	126
【ひ】ピコピコおつかい	若谷和子	50
びっくりしちゃったの	佐藤雅子	188
ひとつ　いっぽん	関根榮一	194
ひなまつり	宮沢章二	44
ひらひらちょうちょう	小林純一	20
ひるねのうた	小春久一郎	76
【ふ】ふうせん	小池タミ子	26
ぶどうのふさ	小林純一	139
ふるえながら	まるたに吉彦	27
【へ】べこの子うしの子	サトウ　ハチロー	118
ペンギンちゃん	まど　みちお	170
【ほ】ポケット　おさえて	神沢利子	124
ぼんの十三日	小林純一	98
【ま】町の燈台	小林純一	202
【み】水たまり	松本久美	68
みちばたのくさ	まど　みちお	110
ミツバチさんでも	巽　聖歌	112
【む】麦わらぼうしを　かぶってこい	はら　みちお	70
【め】めだかのがっこう	茶木　滋	8
【も】もう春だ	夢　虹二	46
モショモショフムフム	サトウ　ハチロー	176
もりのよあけ	与田準一	146
もんく	小林純一	208
もんしろ蝶々のゆうびんやさん	サトウ　ハチロー	24
【ゆ】夕方のおかあさん	サトウ　ハチロー	83
ゆうらんバス	小林純一	58
ゆきのじゅうたん	小林純一	180
【よ】ようちえんにいくみち	さとう　よしみ	10
よごれた川	宮沢章二	205
【ら】らくちん　らくちん	山崎喜八郎	162
【り】りんご	矢崎節夫	168
りんごころん	さとう　よしみ	167
【ろ】ロケット　アポロ	宮沢章二	211
【わ】わらいかわせみに話すなよ	サトウ　ハチロー	150

歌いだしによる索引

歌いだし	題　名	頁
【あ】　あおいおほりに　きょうもまた	おほりの白鳥	199
あかい　きれいな　みですから	いちご	16
あかいはね　あかいはね	あかい　はね	128
あかいふうせん　あおいふうせん	ふうせん	26
あきにさよなら　するあさは	秋にさよならする日	148
あきの　のは　はなが　いっぱい	ミツバチさんでも	112
あさとひぐれが　だいすきで	ジャイアント バンダの歌	62
あじさい，あじさい，はなてまり	あじさいてまり	66
あたまを　かくくせ　だれのくせ	くせ	158
あついな　あついな	どうぶつえんは　38ど	60
あまのがわです　ぎんがです	スワンのつばさ	92
あひるのぎょうれつ　よちよちよち	あひるの行列	34
【い】　いたずらすずめで　こまります	いたずらすずめ	114
いたちょこ　ぷっちん　おくちに　ぽい	いたちょこ　ぷっちん	166
【う】　うずまきかいがら　どうしてできた	なみとかいがら	94
うたごえ　わらいごえ　いっぱいで	いっぱいとひとつ	196
うちゅうを　ぐんぐん　とんでった	ロケット　アポロ	211
【え】　えっちら　おっちら　やまのぼり	えっちら山のぼり	54
えんそく　えんそく　どれみふぁそ	えんそくのうた	14
えんとつかしら　てっとうかしら	町の燈台	202
【お】　おいけのみずに　ポカリとひとつ	何だろ誰だろ	38
おおきいかさと　ちいさいかさが	ピコピコおつかい	50
おおきなたいこ　どーんどーん	大きなたいこ	104
おかあさん　なあに	おかあさん	86
おとしよりの　ての　しわは	おとしより	134
おにわの　まんなかに	水たまり	68
おひなさま　あそびましょ	ひなまつり	44
おべんとうを　ひらくとき	おべんとう	214
おほしさまひとつ　プッチンともいで	だれもしらない	190
おんぶとだっこ　どっちがおすき	おんぶとだっこ	184
【か】　かけて　かけて　かえってきたのに	おかあさんをさがすうた	32
かぜがあまどを　たたいてる	ねむたくなっちゃった	164
かぜがつめたく　ふいてても	もう春だ	46

歌いだし	題　名	頁
かぜさんだって　おててがあるよ	かぜさんだって	40
カナカナぜみが　とおくでないた	夕方のおかあさん	83
カニサン　オメメハ　デコボコ　オメメ	カニサンオメメ	123
【き】 きたかぜさん　どこからきたの	きたかぜさん	153
きちきちばった　きちばった	きちきちばった	108
きつねが　おおぜい　あつまって	もんく	208
きょうが　まいにち　ひとつづつ	ぎんやんまのうた	80
【く】 くるみの　おとで　よがあけます	もりのよあけ	146
【こ】 こいしが　ひとつ	白い小石	100
こうま　かけるの　すきだから	かぼかぼこうま	122
こうまが　トン　あしぶみ　トン	かあさんが　かあさんがいないんだね	172
こころのなかに　しまってある	心の中のオルゴール	186
ことりも　ひるね	ひるねのうた	76
ころんで　ないてる　ちいさい　こ	ちいさい　こ	160
【し】 しずかにしてね　ふうりんさん	しずかにしてね	90
【す】 すいかがごろごろ	すいかがごろごろ	72
ストーブかこんで　おはなししましょ	ストーブかこんでおはなししましょ	178
スワンよ　スワン	スワンよスワン	42
【せ】 せかいの　そらで　ぱた　ぱた　ぱた	はた	174
せみ　せみ	せみのうた	78
【そ】 ぞうのはなは　ながいな	ぞうのはなは　ながいな	120
【た】 だいがくせいのにいさんに	大という字	12
たぬきのね　たぬきのね	わらいかわせみに話すなよ	150
たべた　たべた	バスケットのビスケット	15
だれかさんが　だれかさんが	ちいさい秋みつけた	105
【ち】 ちいさいすいれん　さきました	夏です	102
ちいさいもくば　むかしのもくば	小さい木馬	132
ちょうちょさんは	お花とちょうちょ	22
チリン　チリン　じてんしゃ	チリンチリンじてんしゃ	56
【つ】 ついたちおつきさん　ぞうさんのおめめ	お月さんと坊や	144
【て】 てのひらにのせて　ごらんなさい	ぶどうのふさ	139
【と】 となりのひとと, むきあって	握手をしよう　手をたたこう	182
とりっこ　とりっこ　ケーキが　ひとつ	とりっこ　にらめっこ	192
とんとんともだち　みんなでくにん	とんとんともだち	154
【な】 なきむし　なくから　しかられる	なきむしのうた	36
なきむしひよこが　ぴっちいちい	なきむし　ひよこ	30

歌いだし	題　名	頁
なぜだか　しらないけれど	こじか	116
なぜだかしらない　わからない	よごれた川	205
ななつのみずたま　てんとむし	ククンクップクップくすぐったい	88
なわとびしましょ　ままごとしましょ	あまのじゃく	95
なんなん　なっぱっぱ	なっぱのうた	142
【の】　のきばの　つらら	つんとうつらら	152
ノンちゃん　あさのごはん	おかずはなーに	136
【は】　はちみつ　みつ　みつ　あまいな	はちみつ　みつ　みつ	18
バナナ　バナナ	バナナのうた	74
パパがこのてで　ママこっち	らくちん　らくちん	162
ばんおきて　あさねんね	なぞなぞ	198
ハンカチ　カチカチ	ハンカチのうた	126
【ひ】　ひかりのシャワー　あびながら	はしれはしれモノレール	218
びっくり　しちゃったの	びっくりしちゃったの	188
ひとつ　いっぽん　さいのつの	ひとつ　いっぽん	194
ひなげしのつぼみ	ふるえながら	27
ひよこがね　おにわでぴょこぴょこ	かわいいかくれんぼ	48
ひらひらちょうちょう　ひらひらとんで	ひらひらちょうちょう	20
ひろい　はらっぱ　いっぱいに、	ゆきのじゅうたん	180
【ふ】　ふいても　ふいても　ちがにじむ	怪我	216
【へ】　べこのこ　うしのこ　まだらのこ	べこの子うしの子	118
ペンギンちゃんが　おさんぽ　していたら	ペンギンちゃん	170
【ほ】　ぼくの　おはながね	なかよしこっつんこ	156
ポケット　おさえて　かけてきた	ポケット　おさえて	124
ぼろんとこぼれた　くりのみの	さわると秋がさびしがる	130
ぼんのじゅうさんにち　せっしょうせぬひ	ぼんの十三日	98
【ま】　まわれ　まっかな　かざぐるま	かざぐるま	65
【み】　みちばたの　くさ　ちいさな　くさ	みちばたのくさ	110
【む】　むぎわらぼうしを　かぶってこい	麦わらぼうしを　かぶってこい	70
【め】　めだかのがっこうは　かわのなか	めだかのがっこう	8
【も】　もんしろちょうちょの　ゆうびんやさん	もんしろ蝶々のゆうびんやさん	24
【ゆ】　ゆうらんバス　かいきりバス	ゆうらんバス	58
ゆきだるま　ゆきだるま	モショモショフムフム	176
【よ】　ようちえんに　いくみち	ようちえんにいくみち	10
【り】　リュックサックしょって	ありさんのえんそく	52
りんごは　りんごの　そのなかに	りんご	168
りんご　りんご　ならんだ　りんご	りんごころん	167

校訂者あとがき

　20世紀後期、日本を代表する作曲家 中田喜直（1923～2000）先生の童謡には1000曲以上の作品があります。中でも現在カワイ出版から出ておりますこの作品集は、他には例のない多数の作品が紹介されています。これは現代社会においても大変貴重な価値、財産であり、次の世代の子どもたちにも是非歌い継いでいってもらいたいものです。

　そのようなことから、先生の作品を正確に伝えていく為にこの曲集の全作品を監修させていただくことにしました。内容的には、生前先生が初版に手を加え改められた速さ、表現記号、強弱記号、ペダル、歌詞等を中心に改訂しました。そして童謡としては遺作曲になってしまいましたが、『はしれはしれモノレール』を新たに加え106曲の曲集にまとめてみました。作品の中には表現記号をどのように解釈したら良いのか、演奏上微妙に違ったりする表現の違いも生じることがあると思われます。しかし、中田先生はその微妙な表現の違いを大切にされた作曲家でもあることを何卒ご理解いただけましたら幸いに存じます。

　おわりに、校訂にあたり中田幸子先生、ナカダ音楽事務所の皆様、カワイ出版の川元啓司氏に大変お世話になりましたことを心より感謝しお礼を申し上げます。

2004年5月3日
山田真治

現代こどもの歌秀作選　めだかの学校　　中田喜直（なかだ よしなお）作曲

● 発行所＝カワイ出版（株式会社 全音楽譜出版社 カワイ出版部）
　　〒161-0034 東京都新宿区上落合2-13-3　TEL 03-3227-6286 ／ FAX 03-3227-6296
　　出版情報 http://editionkawai.jp
● 楽譜浄書＝サワイ楽譜浄書所・サクマ楽譜　　● 印刷・製本＝大日本印刷株式会社
● 表紙絵・装丁＝松永禎郎　　　　　　　　　　日本音楽著作権協会（出）許諾 8702005-321 号
● 楽譜・音楽書等出版物を複写・複製することは法律により禁じられております。
　落丁・乱丁本はお取り替え致します。　　　　　　　　　　　1987年 7月 1日　第 1 刷発行
　本書のデザインや仕様は予告なく変更される場合がございます。　2023年 7月 1日　第 21 刷発行
ISBN978-4-7609-4354-8